TOPIK I
단기완성

Short-term course 短期完全掌握 한국어능력시험

시대에듀

머리말 PREFACE

" 한국어를 사랑하는 모든 분께 "

최근 한국어 학습 열기가 높아지면서 한국어능력시험(TOPIK) 지원자 수는 2025년 9월 기준 약 55만 명에 이르렀다고 합니다. 시험에서 모든 학습자들이 바라는 것은 최소한의 시간을 투자해 고득점을 얻는 일일 것입니다.

이에 〈TOPIK I 단기완성〉은 TOPIK을 처음 공부하는 외국인 학습자가 문제의 유형을 빠르게 파악하고 유형에 해당하는 공식을 적용하여 정답을 쉽게 찾을 수 있도록 기획하였습니다.

> 첫째 기출문제의 유형을 듣기 9개와 읽기 8개로 나누고, 이를 다시 37개의 공식으로 세분화하였습니다. 유형별 풀이 비법과 공식을 익히고, 문제를 풀면서 시험 유형을 쉽게 파악할 수 있도록 하였습니다.
>
> 둘째 알아 두어야 하는 유형별 어휘와 문법 표현을 제시하여 효율적으로 공부할 수 있도록 하였습니다.
>
> 셋째 공부한 공식을 기준으로 중요 기출문제를 한눈에 볼 수 있도록 정리하였습니다.
>
> 넷째 2023년부터 시행된 말하기 평가의 출제 방향과 문제 유형을 분석하여 특별 부록으로 제공하였습니다.

아무쪼록 학습자들이 이 책의 유형과 공식을 열심히 공부하여 목표하는 점수를 빠른 시간 내에 받기를 바랍니다. 아울러 TOPIK 시험을 지도하시는 모든 한국어 선생님들께 이 책이 작은 도움이 되길 소망합니다.

마지막으로 이 책이 나오기까지 도움을 주신 분들께 고마움을 전하고자 합니다. 우선 이 책을 쓰는 동안 처음부터 끝까지 함께 고민하고 자기 일처럼 도와준 사랑하는 아내 鄺妙甜(Dorothy)에게 마음으로부터 깊은 감사를 전합니다. 그리고 책을 기획하시고 출간될 수 있도록 도와주신 편집팀 여러분께도 깊은 감사를 전합니다. 마지막으로 항상 기도하는 마음으로 함께해 주시는 이형자 어머님과 陳英蘭 어머님, 그리고 사랑하는 김나원과 김민찬에게 감사의 마음을 전합니다.

저자 **김명준** 씀

TOPIK 시험 안내 INFORMATION

TOPIK은 누구에게, 왜 필요한가요?

한국어를 모국어로 하지 않는 재외동포 및 외국인으로서

1 한국어 학습자 및 국내 대학 유학 희망자

2 국내외 한국 기업체 및 공공기관 취업 희망자

3 외국 학교에 재학 중이거나 졸업한 재외국민

학업
- 정부 초청 외국인 장학생 프로그램 진학 및 학사 관리
- 외국인 및 재외동포의 국내 대학(원) 입학 및 졸업
- 국외 대학의 한국어 관련 학과 학점 및 졸업 요건

취업
- 국내외 기업체 및 공공기관 취업
- 외국인의 한국어교원 자격 심사(국립국어원) 지원 서류

이민
- 영주권, 취업 등 체류비자 획득
- 사회통합프로그램 이수 인정 (TOPIK 취득 등급에 따라 해당 단계에 배정)

◆ 주요 국가 및 지역별 응시자 현황 (2024년 기준 / 단위: 명)

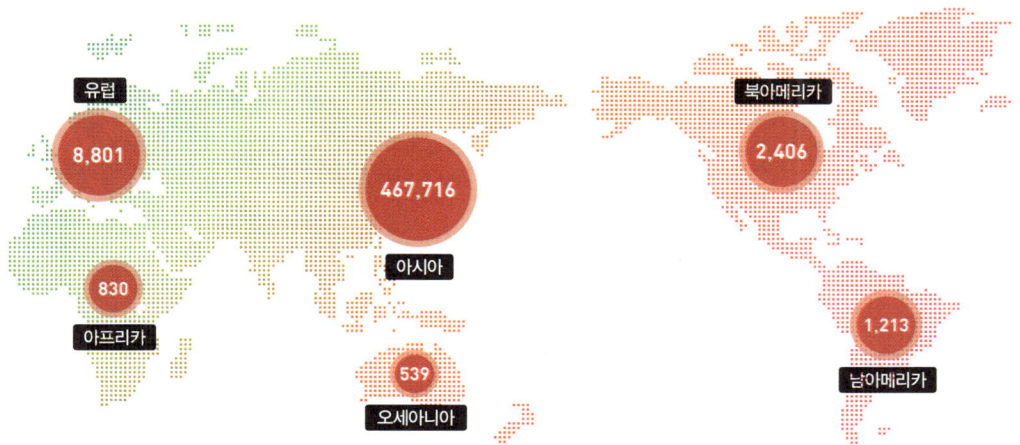

유럽 8,801
아프리카 830
아시아 467,716
오세아니아 539
북아메리카 2,406
남아메리카 1,213

중국	베트남	일본	우즈베키스탄	대만	몽골
71,333	62,985	42,349	37,045	11,533	9,998

태국	러시아	인도네시아	미얀마	기타	합계
7,304	3,799	3,411	3,171	228,577	481,505

TOPIK 시험 안내 INFORMATION

TOPIK, 무엇이 나오나요?

◆ 문제 유형

❶ 듣기·읽기 영역: 4지선다형 객관식 문항
❷ 쓰기 영역: 주관식 문항(TOPIK Ⅱ만 실시)
  • 문장완성형: 2문항
  • 작문형: 2문항 ┌ 200~300자 정도의 중급 수준 설명문 1문항
              └ 600~700자 정도의 고급 수준 논술문 1문항

> **참고** 쓰기 영역 평가 기준

문항	평가 범주	평가 내용
51~52	내용 및 과제 수행	제시된 과제에 맞게 적절한 내용으로 썼는가?
	언어 사용	어휘와 문법 등의 사용이 정확한가?
53~54	내용 및 과제 수행	• 주어진 과제를 충실히 수행하였는가? • 주제에 관련된 내용으로 구성하였는가? • 주어진 내용을 풍부하고 다양하게 표현하였는가?
	글의 전개 구조	• 글의 구성이 명확하고 논리적인가? • 글의 내용에 따라 단락 구성이 잘 이루어졌는가? • 논리 전개에 도움이 되는 담화 표지를 적절하게 사용하여 조직적으로 연결하였는가?
	언어 사용	• 문법과 어휘를 다양하고 풍부하게 사용하며 적절한 문법과 어휘를 선택하여 사용하였는가? • 문법, 어휘, 맞춤법 등의 사용이 정확한가? • 글의 목적과 기능에 따라 격식에 맞게 글을 썼는가?

◆ 시험 구성

수준	영역(시간)	유형 및 문항 수	배점	총점
TOPIK Ⅰ	듣기(40분)	객관식 30문항	100점	200점
	읽기(60분)	객관식 40문항	100점	
TOPIK Ⅱ	듣기(60분)	객관식 50문항	100점	300점
	쓰기(50분)	주관식 4문항	100점	
	읽기(70분)	객관식 50문항	100점	

TOPIK, 어떻게 진행되나요?

◆ 준비물
❶ 필수: 수험표, 신분증(규정된 신분증 이외의 의료보험증, 주민등록등본, 각종 자격증과 학생증은 인정하지 않음. 세부 사항은 시행처 홈페이지 확인)
❷ 선택: 수정테이프(그 외의 필기구는 시험 당일 배부되는 컴퓨터용 검은색 사인펜만 사용 가능), 아날로그 손목시계(휴대폰, 스마트 워치 등 모든 전자기기는 사용 불가)

◆ 일정
※ 일정은 시행 국가 및 시험 당일 고사장 사정에 따라 아래 내용과 다를 수 있습니다.

TOPIK I (오전 09:20까지 반드시 입실 완료)

시간	내용	고사장 진행 상황
09:20~09:50(30분)	–	답안지 작성 안내, 본인 확인, 휴대폰 및 전자기기 제출
09:50~10:00(10분)	–	문제지 배부, 듣기 시험 방송
10:00~10:40(40분)	듣기	–
10:40~11:40(60분)	읽기	–

TOPIK II (오후 12:20까지 반드시 입실 완료)

시간	내용		고사장 진행 상황
12:20~12:50(30분)	–		답안지 작성 안내, 1차 본인 확인, 휴대폰 및 전자기기 제출
12:50~13:00(10분)	–		문제지 배부, 듣기 시험 방송
13:00~14:00(60분)	1교시	듣기	(듣기 시험 정상 종료 시) 듣기 답안지 회수
14:00~14:50(50분)		쓰기	–
14:50~15:10(20분)	–		쉬는 시간(시험장 건물 밖으로는 나갈 수 없음)
15:10~15:20(10분)	–		답안지 작성 안내, 2차 본인 확인
15:20~16:30(70분)	2교시	읽기	–

◆ 시험 중 주의 사항
❶ 입실 시간이 지나면 고사장 안으로 절대 들어갈 수 없습니다.
❷ 시험 중, 책상 위에는 신분증 외에 어떠한 물품도 놓을 수 없습니다. 반입 금지 물품(휴대폰, 이어폰, 전자사전, 스마트 워치, MP3 등 모든 전자기기)을 소지한 경우 반드시 감독관에게 제출해야 합니다.
❸ 듣기 평가 시 문제를 들으며 마킹을 해야 하고, 듣기 평가 종료 후 별도의 마킹 시간은 없습니다. 특히 TOPIK II 1교시 듣기 평가 시에는 듣기만, 쓰기 평가 시에는 쓰기만 풀이해야 합니다. 이를 어길 경우 부정행위로 처리됩니다.

TOPIK 시험 안내 INFORMATION

TOPIK, 어떻게 평가하나요?

등급 결정			평가 기준
TOPIK I (200점 만점)	1급	80점 이상	• '자기 소개하기, 물건 사기, 음식 주문하기' 등 생존에 필요한 기초적인 언어 기능을 수행할 수 있으며 '자기 자신, 가족, 취미, 날씨' 등 매우 사적이고 친숙한 화제에 관련된 내용을 이해하고 표현할 수 있다. • 약 800개의 기초 어휘와 기본 문법에 대한 이해를 바탕으로 간단한 문장을 생성할 수 있다. • 간단한 생활문과 실용문을 이해하고, 구성할 수 있다.
	2급	140점 이상	• '전화하기, 부탁하기' 등의 일상생활에 필요한 기능과 '우체국, 은행' 등의 공공시설 이용에 필요한 기능을 수행할 수 있다. • 약 1,500~2,000개의 어휘를 이용하여 사적이고 친숙한 화제에 관해 문단 단위로 이해하고 사용할 수 있다. • 공식적 상황과 비공식적 상황에서의 언어를 구분해 사용할 수 있다.
TOPIK II (300점 만점)	3급	120점 이상	• 일상생활을 영위하는 데 별 어려움을 느끼지 않으며, 다양한 공공시설의 이용과 사회적 관계 유지에 필요한 기초적 언어 기능을 수행할 수 있다. • 친숙하고 구체적인 소재는 물론, 자신에게 익숙한 사회적 소재를 문단 단위로 표현하거나 이해할 수 있다. • 문어와 구어의 기본적인 특성을 구분해서 이해하고 사용할 수 있다.
	4급	150점 이상	• 공공시설 이용과 사회적 관계 유지에 필요한 언어 기능을 수행할 수 있으며, 일반적인 업무 수행에 필요한 기능을 어느 정도 수행할 수 있다. • '뉴스, 신문 기사' 중 비교적 평이한 내용을 이해할 수 있다. 일반적인 사회적·추상적 소재를 비교적 정확하고 유창하게 이해하고, 사용할 수 있다. • 자주 사용되는 관용적 표현과 대표적인 한국 문화에 대한 이해를 바탕으로 사회적·문화적인 내용을 이해하고 사용할 수 있다.
	5급	190점 이상	• 전문 분야에서의 연구나 업무 수행에 필요한 언어 기능을 어느 정도 수행할 수 있다. • '정치, 경제, 사회, 문화' 전반에 걸쳐 친숙하지 않은 소재에 관해서도 이해하고 사용할 수 있다. • 공식적·비공식적 맥락과 구어적·문어적 맥락에 따라 언어를 적절히 구분해 사용할 수 있다.
	6급	230점 이상	• 전문 분야에서의 연구나 업무 수행에 필요한 언어 기능을 비교적 정확하고 유창하게 수행할 수 있다. • '정치, 경제, 사회, 문화' 전반에 걸쳐 친숙하지 않은 주제에 관해서도 이해하고 사용할 수 있다. • 원어민 화자의 수준에는 이르지 못하나 기능 수행이나 의미 표현에는 어려움을 겪지 않는다.

※ 응시자가 획득한 종합점수를 기준으로 판정하며, 성적은 성적발표일로부터 2년간 유효합니다.

답안 작성 방법 HOW TO FILL

✦ **OMR 답안지 작성 요령**

❶ 답안지를 더럽히거나 낙서, 불필요한 표기 등을 하지 마세요. 불이익을 받을 수 있습니다. 특히 답안지 상·하단의 타이밍 마크(▮▮▮▮)는 절대로 훼손하면 안 됩니다.
❷ 문제지에만 답을 쓰고 답안지에 옮기지 않으면 점수로 인정되지 않습니다.
❸ 답안지는 반드시 시험 감독관이 지급하는 컴퓨터용 검은색 사인펜으로 작성해야 합니다.
❹ 답안은 사인펜의 양쪽 중 펜이 굵은 쪽으로 표기해야 합니다. 문항마다 반드시 하나의 답만 골라 그 숫자에 '●'로 마킹해야 하며, 한 문항에 2개 이상의 답을 표기하거나 예비 마킹만 한 경우는 0점으로 처리합니다. 올바른 마킹 방법을 아래 그림으로 확인하세요.
❺ 객관식 답안을 수정하고 싶으면 수정테이프로 수정할 답안을 완전히 덮어서 보이지 않도록 해야 합니다. 또는 손을 들어 새로운 답안지로 교체할 수도 있습니다.
❻ 시험이 끝나면 답안지를 작성할 수 없습니다. 만약 시험 감독관의 답안지 제출 지시에 따르지 않으면 부정행위로 처리됩니다.
❼ 잘못된 필기구 사용과 불완전한 마킹으로 인한 답안 작성 오류는 모두 응시자 본인에게 책임이 있습니다.

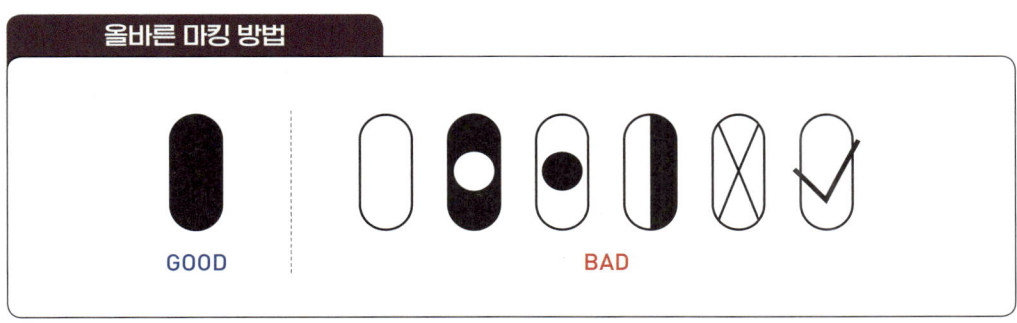

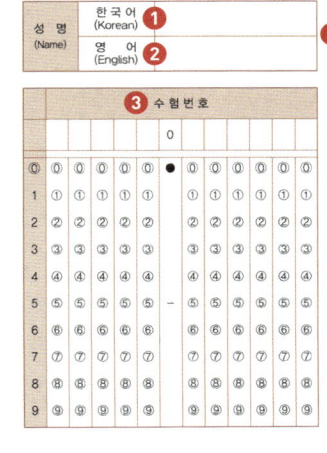

❶ 자신의 성명(성과 이름)을 한글로 쓰세요.
❷ 자신의 성명(성과 이름)을 영어로 쓰세요.
❸ 수험번호를 아라비아 숫자로 쓴 후 마킹하세요.
❹ 문제지 유형을 확인한 후 마킹하세요.

※ 실제 OMR 답안지에는 '결시 확인란'과 '감독관 확인'이 있습니다. 이것은 시험 감독관이 표기하는 곳이니 그대로 비워 두세요.
※ 수험번호, 성명 등의 표기를 잘못하여 불이익을 받지 않도록 꼭 미리 연습해 보세요.

이 책의 구성 STRUCTURES

공식이 답이다!

TOPIK I을 가장 쉽고 빠르게 준비할 수 있는 풀이 비법과 공식을 제시하여 문제를 보면서 답을 고를 수 있는 방법을 안내합니다. 책에 있는 공식에 따라 '문제-공식-정답-어휘' 순으로 공부하다 보면 어려운 문제도 쉽게 풀 수 있을 것입니다.

자세하고 친절한 풀이 과정!

37개의 공식에 따른 풀이 과정을 자세히 확인할 수 있습니다. 이해가 안 되는 부분은 다시 한번 공부하고 넘어가도록 합시다. 함께 수록된 영어와 중국어 해설도 학습에 큰 도움이 될 것입니다.

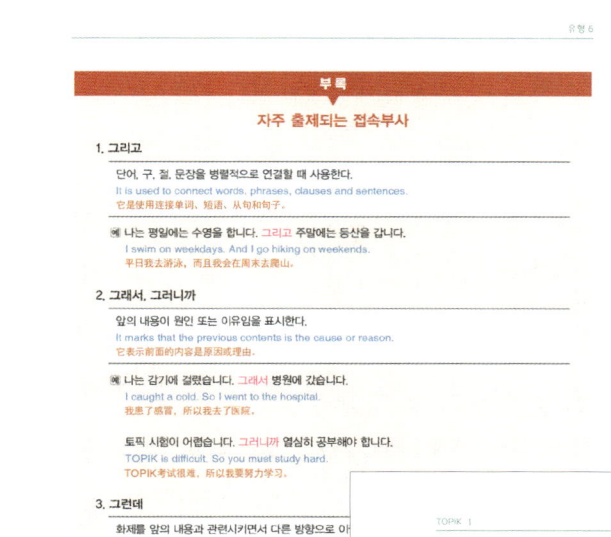

문법 표현 정리를 한 번에!

유형에 따라 중요한 문법 표현을 정리하여 체계적인 학습이 가능하도록 구성하였습니다. 다양한 예문을 통해 한국어 문법을 쉽게 이해할 수 있을 것입니다.

특별 부록
말하기 평가 유형.zip

말하기 평가의 출제 방향과 문제 유형에 맞춘 학습 포인트를 정리하였습니다. 어떤 내용의 문제가 어떤 형식으로 나올지 쉽고 빠르게 확인할 수 있을 것입니다.

이 책의 목차 CONTENTS

PART 0 기출 포인트

1. TOPIK I 평가틀 안내 · 003
2. 공식을 알면 보이는 출제 포인트 · 005

PART 1 듣기 영역

유형 1 '네 / 아니요'로 대답하기 · 031
    공식 1 '명사 + 이에요(예요)'로 질문하는 문제
    공식 2 형용사로 질문하기
    공식 3 동사로 질문하기

유형 2 질문에 대답하기 · 051
    공식 4 사람을 묻는 표현(누가 / 누구 + 조사)
    공식 5 시간을 묻는 표현(언제 / 몇 시 + 조사 / 몇 월 + 조사)
    공식 6 장소를 묻는 표현(어디 + 조사)
    공식 7 무엇을 묻는 표현(무엇 / 뭐 / 무슨 / 어떤 / 어느)
    공식 8 방법을 묻는 표현(어떻게)
    공식 9 이유 또는 원인을 묻는 표현(왜)
    공식 10 수량 또는 정도를 묻는 표현(얼마나 / 얼마예요)
    공식 11 생각 또는 느낌을 묻는 표현(어때 / 어때요)

유형 3 상황에 맞는 대답 고르기 · 093
    공식 12 인사하는 상황을 고르는 문제
    공식 13 요청 또는 부탁의 상황을 고르는 문제
    공식 14 전화로 장소를 확인하는 상황을 고르는 문제
    공식 15 칭찬 또는 축하와 감사의 상황을 고르는 문제
    공식 16 미안 또는 사과의 상황을 고르는 문제

유형 4 장소 고르기 · 119
    공식 17 대화의 장소를 고르는 문제

유형 5 화제 고르기 · 128
    공식 18 대화의 화제를 고르는 문제

유형 6 그림 고르기 · 137
    공식 19 듣고 적절한 그림 고르기

유형 7 내용과 같은 것 고르기 · 143
    공식 20 짧은 대화에서 내용과 같은 것 고르기
    공식 21 긴 대화에서 내용과 같은 것 고르기

유형 8	중심 생각 고르기 · **154**
	공식 22 중심 생각을 고르는 문제

유형 9 듣고 두 문제에 대답하기 · **159**
        공식 23 대화를 듣고 두 문제에 대답하기

PART 2 읽기 영역

유형 1 화제 고르기 · **171**
        공식 1 화제를 고르는 문제

유형 2 빈칸에 들어갈 말 고르기 · **178**
        공식 2 빈칸에 단어(명사, 동사, 형용사, 부사)를 넣는 문제 (1)
        공식 3 빈칸에 단어(조사)를 넣는 문제 (2)

유형 3 세부 내용 파악하기 · **194**
        공식 4 실용문의 세부 내용 파악하기

유형 4 내용과 같은 것 고르기 · **199**
        공식 5 내용과 같은 것 고르기

유형 5 중심 생각 고르기 · **204**
        공식 6 중심 생각 고르기

유형 6 지문을 읽고 두 문제에 답하기 (1) · · · · · · · · · · · · · · · · **211**
        공식 7 빈칸에 들어갈 어구(문법) 고르기 (1) + 세부 내용 파악하기
        공식 8 빈칸에 들어갈 어구(접속부사) 고르기 (2)
        공식 9 빈칸에 들어갈 어구(부사) 고르기 (3)
        공식 10 화제 파악하기

유형 7 순서대로 배열하기 · **237**
        공식 11 순서대로 배열하기

유형 8 지문을 읽고 두 문제에 답하기 (2) · · · · · · · · · · · · · · · · **243**
        공식 12 빈칸에 들어갈 문장 고르기 + 세부 내용 파악하기
        공식 13 글의 목적 파악하기
        공식 14 빈칸에 들어갈 어구 고르기 + 세부 내용 추론하기

특별 부록 말하기 평가 유형.zip

1. 시험 안내 · **265**
2. 유형 안내 · **267**

20일 완성 4주 계획표 PLANNER

	월 일	월 일	월 일	월 일	월 일
1주	듣기 유형 1 공식 1, 2	듣기 유형 1 공식 3 듣기 유형 2 공식 4, 5	듣기 유형 2 공식 6, 7, 8	듣기 유형 2 공식 9, 10, 11	듣기 유형 3 공식 12, 13
	월 일	월 일	월 일	월 일	월 일
2주	듣기 유형 3 공식 14, 15, 16	듣기 유형 4 공식 17	듣기 유형 5 공식 18 듣기 유형 6 공식 19	듣기 유형 7 공식 20, 21 듣기 유형 8 공식 22	듣기 유형 9 공식 23 듣기 유형 복습
	월 일	월 일	월 일	월 일	월 일
3주	읽기 유형 1 공식 1 읽기 유형 2 공식 2	읽기 유형 2 공식 3	읽기 유형 3 공식 4	읽기 유형 4 공식 5 읽기 유형 5 공식 6	읽기 유형 6 공식 7, 8
	월 일	월 일	월 일	월 일	월 일
4주	읽기 유형 6 공식 9	읽기 유형 6 공식 10	읽기 유형 7 공식 11 읽기 유형 8 공식 12	읽기 유형 8 공식 13, 14	읽기 유형 복습 및 최종 점검

- 유형 복습 및 최종 점검 시간에는 부족한 유형을 반복하여 연습합니다.
- 계획표에 맞춰서 공부하되, 자신의 이해 정도에 따라 공부량을 조절하도록 합니다.
- 가장 중요한 점은 꾸준히 공부하는 것입니다.

한국어능력시험 일정(한국, PBT 기준)

접수 기간	시험일	성적 발표일	시행 국가
12월 초순	1월 초순	2월 중순	한국
1월 하순	4월 초순	5월 하순	한국 · 해외
3월 중순	5월 중순	6월 하순	한국 · 해외
5월 중순	7월 초순	8월 중순	한국 · 해외
8월 초순	10월 중순	12월 중순	한국 · 해외
9월 초순	11월 중순	12월 하순	한국 · 해외

※ 해외 시험 접수의 경우, 한국 원서 접수 기간과 다르므로 현지 접수 기관으로 반드시 확인하시기 바랍니다.
※ TOPIK Ⅰ·Ⅱ는 보통 PBT(지필시험) 6회, IBT(인터넷 기반 시험) 6회로 총 12회가 시행되며, 말하기 평가는 IBT로 총 3회 시행됩니다. 세부 일정은 시행처 홈페이지(www.topik.go.kr)를 확인하시기 바랍니다.

PART 0

기출 포인트

| 1 | TOPIK Ⅰ 평가틀 안내 |
| 2 | 공식을 알면 보이는 출제 포인트 |

무엇이든 넓게 경험하고 파고들어 스스로를 귀한 존재로 만들어라.

– 세종대왕

PART.0 기출 포인트

TOPIK I 평가틀 안내

1교시: 듣기

문항 번호		배점	지문	유형
1~4	1	4	짧은 대화	맞는 대답 고르기
	2	4		
	3	3		
	4	3		
5~6	5	4	짧은 대화	이어지는 말 고르기
	6	3		
7~10	7	3	짧은 대화	담화 장소 고르기
	8	3		
	9	3		
	10	4		
11~14	11	3	짧은 대화	화제 고르기
	12	3		
	13	4		
	14	3		
15~16	15	4	짧은 대화	일치하는 그림 고르기
	16	4		
17~21	17	3	짧은 대화	일치하는 내용 고르기
	18	3		
	19	3		
	20	3		
	21	3		
22~24	22	3	짧은 대화	중심 생각 고르기
	23	3		
	24	3		
25~26	25	3	매체 담화	화자의 의도/목적 고르기
	26	4		일치하는 내용 고르기
27~28	27	3	대화	화제 고르기
	28	4		일치하는 내용 고르기
29~30	29	3	대화	의도/목적/이유 고르기
	30	4		일치하는 내용 고르기

2교시: 읽기

문항 번호		배점	지문	유형
31~33	31	2	짧은 서술문	화제 고르기
	32	2		
	33	2		
34~39	34	2	짧은 서술문	빈칸에 알맞은 말 고르기
	35	2		
	36	2		
	37	3		
	38	3		
	39	2		
40~42	40	3	실용문	일치하지 않는 내용 고르기
	41	3		
	42	3		
43~45	43	3	짧은 서술문	일치하는 내용 고르기
	44	2		
	45	3		
46~48	46	3	짧은 서술문	중심 내용 고르기
	47	3		
	48	2		
49~50	49	2	수필	빈칸에 알맞은 말 고르기
	50	2		일치하는 내용 고르기
51~52	51	3	설명문	빈칸에 알맞은 말 고르기
	52	2		화제 고르기
53~54	53	2	수필	빈칸에 알맞은 말 고르기
	54	3		일치하는 내용 고르기
55~56	55	2	설명문	빈칸에 알맞은 말 고르기
	56	3		일치하는 내용 고르기
57~58	57	3	짧은 글	알맞은 순서로 배열한 것 고르기
	58	2		
59~60	59	2	수필	문장이 들어갈 위치 고르기
	60	3		일치하는 내용 고르기
61~62	61	2	수필	빈칸에 알맞은 말 고르기
	62	2		일치하는 내용 고르기
63~64	63	2	매체 담화	필자의 의도/목적 고르기
	64	3		일치하는 내용 고르기
65~66	65	2	설명문	빈칸에 알맞은 말 고르기
	66	3		일치하는 내용 고르기
67~68	67	3	설명문	빈칸에 알맞은 말 고르기
	68	3		일치하는 내용 고르기
69~70	69	3	수필	빈칸에 알맞은 말 고르기
	70	3		일치하는 내용 고르기

※ 평가틀은 시행처의 계획과 출제자의 의도에 따라 조금씩 달라질 수 있습니다.

2 공식을 알면 보이는 출제 포인트

PART.0 기출 포인트

〈제96회 기출 분석〉

1교시: 듣기

공식	질문 유형	기출 포인트
공식 2	형용사로 질문하기	**96회 1번** 남자: 모자가 많아요? → 여자: ❸ 네, 모자가 많아요.
공식 3	동사로 질문하기	**96회 2번** 여자: 커피를 좋아해요? → 남자: ❹ 아니요, 커피를 안 좋아해요.
공식 4	사람을 묻는 표현	**96회 4번** 여자: 누구하고 공부했어요? → 남자: ❸ 친구하고 공부했어요.
공식 5	시간을 묻는 표현	**96회 3번** 남자: 몇 시에 공항에 가요? → 여자: ❹ 한 시에 가요.
공식 13	요청 또는 부탁의 상황을 고르는 문제	**96회 6번** 여자: 잠깐만 기다리세요. → 남자: ❶ 알겠습니다.
공식 17	대화의 장소를 고르는 문제	**96회 7번** 남자: 이 장미는 얼마예요? 여자: 한 송이에 이천 원입니다. 손님. → ❷ 꽃집
공식 18	대화의 화제를 고르는 문제	**96회 13번** 남자: 수미 씨, 내일 쉬어요? 여자: 네, 토요일이라서 회사에 안 가요. → ❷ 휴일

공식 19	듣고 적절한 그림 고르기	**96회 16번** 남자: 수미 씨, 이 사진 여기에 걸까요? 여자: 음, 조금 더 위에 걸어 주세요. → ❷ 액자를 들고 있는 남자와 위치를 알려 주는 여자
공식 20	짧은 대화에서 내용과 같은 것 고르기	**96회 18번** 남자: 어제 수미 씨 결혼식에 다녀왔어요? 여자: 네, 결혼식에서 수미 씨가 한복을 입었는데 정말 예뻤어요. → ❶ 여자는 어제 결혼식에 다녀왔습니다.
공식 21	긴 대화에서 내용과 같은 것 고르기	**96회 21번** 여자: 그럼 그냥 음식을 가져가서 먹을게요. 비빔밥 하나 포장해 주세요. 남자: 네, 금방 포장해 드릴게요. 잠깐만 기다려 주세요. → ❶ 여자는 비빔밥을 하나 주문했습니다.
공식 22	중심 생각을 고르는 문제	**96회 23번** 여자: 디자인은 좋은데 좀 무겁네요. 전 가벼운 걸 찾고 있어서요. 남자: 그럼 이걸로 한번 보시겠어요? 좀 더 가벼운 노트북입니다. → ❷ 가벼운 노트북을 사고 싶습니다.
공식 23	대화를 듣고 두 문제에 대답하기	**96회 27번** 남자: 네, 저처럼 외식을 자주 하거나 요리를 못하는 대학생들을 위한 수업이에요. 간단하고 빠르게 만들 수 있는 요리를 가르쳐 줘요. → ❶ 대학생들을 위한 요리 교실 **96회 28번** 남자: 어제 학생 식당에서 열리는 요리 교실에 갔는데 재미있었어요. → ❷ 남자는 어제 학생 식당에 갔습니다.

2교시: 읽기

공식	질문 유형	기출 포인트
공식 1	화제를 고르는 문제	**96회 32번** 민수 씨는 의사입니다. 병원에서 일합니다. → ❹ 직업
공식 2	빈칸에 단어(명사, 동사, 형용사, 부사)를 넣는 문제	**96회 34번** (❸ 서점)에 갑니다. 책을 삽니다. → 명사 **96회 35번** 신발이 (❸ 작습니다). 발이 아픕니다. → 형용사 **96회 38번** 회사에 일이 많습니다. (❹ 아주) 바쁩니다. → 부사 **96회 36번** 오후에 약속이 있습니다. 민수 씨를 (❹ 만납니다). → 동사
공식 3	빈칸에 단어(조사)를 넣는 문제	**96회 37번** 이것은 제 가방이 아닙니다. 동생(❸ 의) 가방입니다. → 조사
공식 4	실용문의 세부 내용 파악하기	**96회 40번** **1,000원의 아침밥** 기간 2024년 9월~12월 일시 월~금, 08:00~09:00 장소 학생 식당 가격 1,000원 ※ 인주대학교 학생만 이용할 수 있습니다. → ❷ 구월까지 합니다. → 12월
공식 5	내용과 같은 것 고르기	**96회 43번** 우리 집 근처에 빵집이 하나 있습니다. 그 빵집은 케이크가 싸고 맛있습니다. 저는 케이크를 좋아해서 거기에 자주 갑니다. → ❷ 저는 빵집에 자주 갑니다.
공식 6	중심 생각 고르기	**96회 46번** 저는 얼마 전에 테니스를 시작했습니다. 테니스를 치면 즐겁고 기분이 좋습니다. 그래서 매일 테니스를 치러 갑니다. → ❷ 저는 테니스 치는 것을 좋아합니다.

공식 7	빈칸에 들어갈 어구 (문법) 고르기	**96회 53번** 저는 언니에게 특별한 선물을 주고 싶었습니다. 그래서 요즘 언니에게 줄 지갑을 (❶ 만들고 있습니다). 언니가 이 지갑을 볼 때마다 저를 생각하면 좋겠습니다.
공식 8	빈칸에 들어갈 어구 (접속부사) 고르기	**96회 51번** 하얀색 옷을 빨 때 밀가루를 조금 넣으면 색깔이 더 하얗게 됩니다. (❶ 또) 과일을 씻을 때도 밀가루를 사용하면 깨끗하게 씻을 수 있습니다.
공식 10	화제 파악하기	**96회 52번** 그런데 밀가루는 빨래를 할 때도 사용할 수 있습니다. 하얀색 옷을 빨 때 밀가루를 조금 넣으면 색깔이 더 하얗게 됩니다. 또 과일을 씻을 때도 밀가루를 사용하면 깨끗하게 씻을 수 있습니다. → ❸ 밀가루로 할 수 있는 일
공식 11	순서대로 배열하기	**96회 58번** (가) 약은 쓴맛이 나는 것이 대부분입니다. (다) 이 때문에 아이들은 보통 약 먹는 것을 싫어합니다. (나) 그래서 아이들이 자주 먹는 약은 달게 만듭니다. (라) 어린이 감기약이 단맛이 나는 이유가 바로 그것입니다.
공식 12	빈칸에 들어갈 문장 고르기	**96회 59번** 저는 어렸을 때 성격이 조용했습니다. 사람들 앞에서 부끄러워서 말도 잘 못했습니다. (㉠ 어느 날 친구가 저에게 연극 동아리를 소개해 주었습니다). 저는 그 동아리에 들어가서 다양한 연극 공연을 했습니다.
공식 13	글의 목적 파악하기	**96회 63번** **인주수영장** **공지 사항** 자유 게시판 인주수영장 회원 여러분, 안녕하세요? 이번 주말에 수영장 청소를 합니다. 청소를 하는 날에는 수영장을 이용할 수 없습니다. 이용에 불편을 드려 죄송합니다. ★ 청소 일정: 10월 12일(토)~10월 13일(일) ※ 1층 수영복 가게는 이용할 수 있습니다. 인주수영장 → ❹ 수영장 청소하는 날을 알려 주려고

기출 포인트

| 공식 14 | 세부 내용 파악하기 | 96회 64번
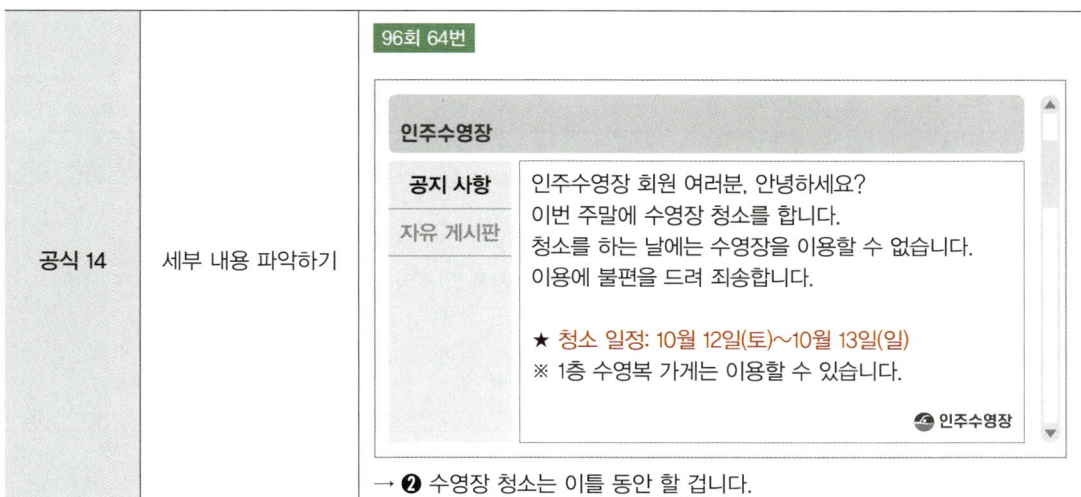
→ ❷ 수영장 청소는 이틀 동안 할 겁니다. |

TOPIK I

〈제91회 기출 분석〉

1교시: 듣기

공식	질문 유형	기출 포인트
공식 3	동사로 질문하기	**91회 2번** 여자: 과자를 좋아해요? → 남자: ❹ 아니요, 과자를 안 좋아해요.
공식 7	무엇을 묻는 표현	**91회 3번** 남자: 지금 무엇을 마셔요? → 여자: ❸ 우유를 마셔요.
공식 8	방법을 묻는 표현	**91회 4번** 여자: 학교에 어떻게 가요? → 남자: ❹ 지하철로 가요.
공식 13	요청 또는 부탁의 상황을 고르는 문제	**91회 6번** 여자: 여보세요. 수미 씨 좀 바꿔 주세요. → 남자: ❹ 네, 잠깐만 기다리세요.
공식 17	대화의 장소를 고르는 문제	**91회 7번** 남자: 한 시 영화표 두 장 주세요. 여자: 네, 여기 있습니다. → ❶ 극장
공식 18	대화의 화제를 고르는 문제	**91회 14번** 여자: 민수 씨는 부산에서 태어났어요? 남자: 네, 부산에서 고등학생 때까지 살았어요. → ❶ 고향
공식 19	듣고 적절한 그림 고르기	**91회 16번** 여자: 책상 위에 물이 있네요. 남자: 그럼 이걸로 닦으세요. → ❶ 물을 가리키는 여자와 걸레를 주는 남자

기출 포인트

공식 20	짧은 대화에서 내용과 같은 것 고르기	**91회 17번** 여자: 민수 씨, 오랜만이에요. 방학 잘 보냈어요? 남자: 네, 외국어 공부도 하고 아르바이트도 했어요. 수미 씨는요? → ❶ 남자는 방학에 공부를 했습니다.
공식 21	긴 대화에서 내용과 같은 것 고르기	**91회 21번** 여자: 손님, 무엇을 도와 드릴까요? 남자: 이 휴대 전화요. 소리가 안 들려서요. 여자: 음, 고칠 수는 있는데 한 시간 정도 걸릴 것 같습니다. → ❹ 남자의 휴대 전화는 소리가 들리지 않습니다.
공식 22	중심 생각을 고르는 문제	**91회 22번** 남자: 시험 때문에 아침에 일찍 일어나니까 공부도 안 되고 힘드네요. 여자: 그래요? 전 아침 일찍 공부하면 더 잘 되는데요. 남자: 전 일찍 일어나면 너무 피곤해요. 수미 씨는 괜찮아요? 여자: 네, 저는 피곤하지 않고 기분이 더 좋아요. → ❸ 아침에 일찍 일어나는 것이 좋습니다.
공식 23	대화를 듣고 두 문제에 대답하기	**91회 25번** 여자: 마트 이용 시간은 평일 오전 아홉 시부터 밤 아홉 시까지입니다. 주말에는 밤 열 시까지 이용할 수 있으니 편안하게 한 시간 더 쇼핑하십시오. → ❸ 마트를 이용할 수 있는 시간을 안내하려고 **91회 26번** 여자: 마트 이용 시간은 평일 오전 아홉 시부터 밤 아홉 시까지입니다. 주말에는 밤 열 시까지 이용할 수 있으니 편안하게 한 시간 더 쇼핑하십시오. → ❹ 이 마트는 주말에 평일보다 늦게 문을 닫습니다.

TOPIK I

2교시: 읽기

공식	질문 유형	기출 포인트
공식 1	화제를 고르는 문제	**91회 31번** 사과가 있습니다. 수박은 없습니다. → ❷ 과일
공식 2	빈칸에 단어(명사, 동사, 형용사, 부사)를 넣는 문제	**91회 34번** 친구를 만납니다. (❹ 운동장)에서 야구를 합니다. → 명사 **91회 36번** 병원이 집에서 (❸ 가깝습니다). 걸어서 갑니다. → 형용사 **91회 37번** 저는 케이크를 (❶ 아주) 좋아합니다. 매일 먹습니다. → 부사 **91회 38번** 비가 옵니다. 그래서 창문을 (❸ 닫습니다). → 동사
공식 3	빈칸에 단어(조사)를 넣는 문제	**91회 35번** 백화점에 갑니다. 바지(❸ 하고) 치마를 삽니다. → 조사
공식 4	실용문의 세부 내용 파악하기	**91회 41번** → ❶ 주차장은 공원 안에 있습니다. → 공원 밖
공식 5	내용과 같은 것 고르기	**91회 44번** 저는 올해 한강 축제에 처음 갔습니다. 축제에서 춤 공연도 구경하고 맛있는 치킨도 먹었습니다. → ❷ 이 축제에서 춤 공연을 봤습니다.
공식 6	중심 생각 고르기	**91회 48번** 저는 고등학교 졸업 후에 김 선생님을 못 만났습니다. 저는 이번 주말에 김 선생님을 만나러 갈 겁니다. 빨리 주말이 오면 좋겠습니다. → ❷ 저는 김 선생님이 보고 싶습니다.

기출 포인트

공식 7	빈칸에 들어갈 어구 (문법) 고르기	**91회 49번** 그래서 오늘 지영 씨 부부가 저와 남편을 집으로 초대했습니다. 우리는 지영 씨의 집을 (❶ 구경하고) 지영 씨 부부가 만든 음식을 맛있게 먹었습니다.
공식 8	빈칸에 들어갈 어구 (접속부사) 고르기	**91회 51번** 마음에 드는 한복을 고르고 이름과 전화번호를 써서 냅니다. (❶ 그러면) 3일 동안 무료로 한복을 빌릴 수 있습니다.
공식 10	화제 파악하기	**91회 52번** 한복은 1층에 있는 사무실에서 빌릴 수 있습니다. 마음에 드는 한복을 고르고 이름과 전화번호를 써서 냅니다. 그러면 3일 동안 무료로 한복을 빌릴 수 있습니다. → ❷ 한복을 빌리는 방법
공식 11	순서대로 배열하기	**91회 57번** (가) 저는 여행을 가면 기념품을 꼭 삽니다. (라) 기념품 중에서 여행한 장소의 그림이 있는 컵을 주로 삽니다. (다) 지금까지는 유명한 건물 그림이 있는 컵을 많이 샀습니다. (나) 다음에는 산이나 바다 그림이 있는 컵을 사고 싶습니다.
공식 12	빈칸에 들어갈 문장 고르기	**91회 59번** 친구는 태국어 설명 서비스를 신청했습니다. (㉢ 잠시 후에 태국 사람이 와서 태국어로 역사를 설명해 줬습니다).
공식 13	글의 목적 파악하기	**91회 63번** **행복옷집** http://www.happy-clothes.com **게시판** / 공지사항 / 묻고 답하기 **제목** 청바지를 주문했어요. 안녕하세요? 이틀 전에 이 인터넷 쇼핑몰에서 청바지를 주문했습니다. 제가 주말에 여행을 가는데 그 옷을 입으면 좋겠습니다. 주문한 옷을 언제쯤 받을 수 있을까요? 서비스 센터에 전화했는데 안 받아서 여기에 글을 씁니다. 답 부탁드립니다. → ❹ 청바지 도착 날짜를 물어보려고

공식 14	세부 내용 파악하기	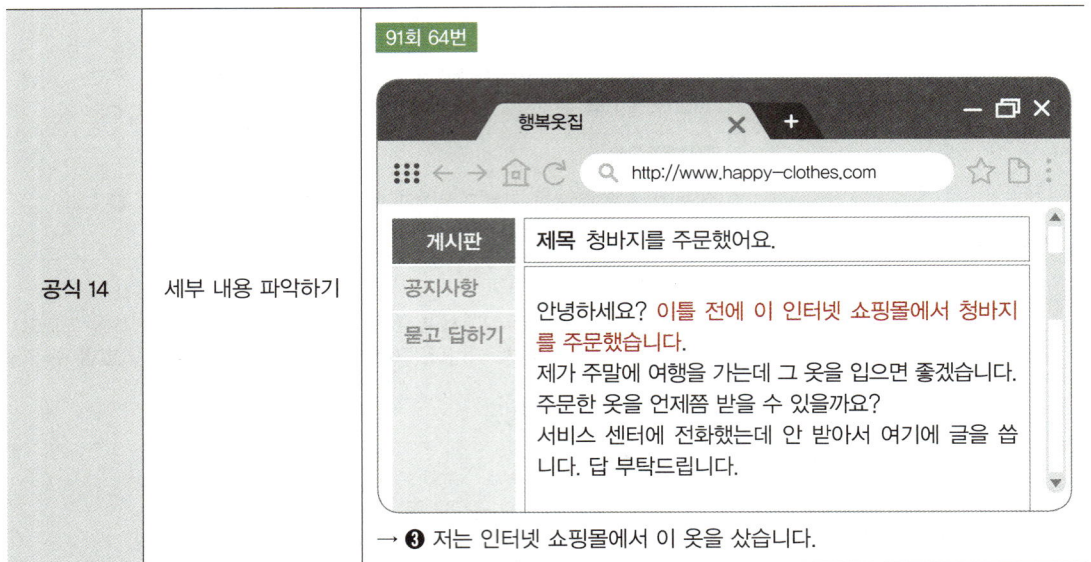

→ ❸ 저는 인터넷 쇼핑몰에서 이 옷을 샀습니다.

⟨제83회 기출 분석⟩

1교시: 듣기

공식	질문 유형	기출 포인트
공식 1	'명사 + 이에요/ 예요'로 질문하기	**83회 1번** 남자: 학생이에요? → 여자: ❶ 네, 학생이에요.
공식 3	동사로 질문하기	**83회 2번** 여자: 책을 읽어요? → 남자: ❹ 아니요, 책을 안 읽어요.
공식 6	장소를 묻는 표현	**83회 3번** 남자: 우리 어디에서 이야기해요? → 여자: ❸ 카페에서 해요.
공식 8	방법을 묻는 표현	**83회 4번** 여자: 공항에 어떻게 갔어요? → 남자: ❹ 지하철로 갔어요.
공식 13	요청 또는 부탁의 상황을 고르는 문제	**83회 6번** 여자: 잠깐만 기다리세요. → 남자: ❸ 네, 알겠습니다.
공식 16	잘못 또는 사과의 상황을 고르는 문제	**83회 5번** 남자: 미안해요. → 여자: ❷ 아니에요.
공식 17	대화의 장소를 고르는 문제	**83회 8번** 여자: 여기는 비빔밥이 맛있어요. 남자: 그럼 우리 비빔밥을 먹어요. → ❷ 식당
공식 18	대화의 화제를 고르는 문제	**83회 13번** 남자: 저는 농구를 좋아해요. 수미 씨는요? 여자: 저는 테니스를 좋아해요. → ❷ 운동

TOPIK I

공식 19	듣고 적절한 그림 고르기	**83회 15번** 남자: 저, 우산은 어디 있어요? 여자: 저기 창문 밑에 있습니다. → ❶ 우산의 위치를 묻는 손님(남자)과 우산을 가리키는 점원(여자)
공식 20	짧은 대화에서 내용과 같은 것 고르기	**83회 17번** 여자: 민수 씨, 주말에 뭐 했어요? 남자: 드라마도 보고 집에서 쉬었어요. 수미 씨는요? → ❶ 남자는 주말에 드라마를 봤습니다.
공식 21	긴 대화에서 내용과 같은 것 고르기	**83회 21번** 남자: 여보세요. 거기 사랑병원이지요? 수요일 오후에 예약하고 싶은데요. 여자: 수요일요? 잠시만요. 몇 시쯤 오시겠어요? 남자: 세 시쯤 가도 될까요? 여자: 네, 됩니다. 이름과 전화번호를 말씀해 주세요. → ❹ 남자는 수요일에 병원에 갈 겁니다.
공식 22	중심 생각을 고르는 문제	**83회 24번** 여자: 맞아요. 그런데 저는 춤을 추는 게 특히 멋있어요. → ❹ K-POP 가수들은 춤을 출 때가 특히 멋있습니다.
공식 23	대화를 듣고 두 문제에 대답하기	**83회 29번** 남자: 하지만 기쁘고 행복한 일도 많아요. 이런 일들을 알려 주려고 작년부터 글을 쓰기 시작했습니다. → ❹ 경찰이 되어서 경험한 행복한 일을 소개하고 싶어서 **83회 30번** 남자: 몇 달 전에 제가 어떤 아이의 가방을 찾아 줬어요. → ❸ 남자는 아이의 가방을 찾아 준 적이 있습니다.

2교시: 읽기

공식	질문 유형	기출 포인트
공식 1	화제를 고르는 문제	**83회 32번** 가게에 갑니다. 모자를 삽니다. → ❶ 쇼핑
공식 2	빈칸에 단어(명사, 동사, 형용사, 부사)를 넣는 문제	**83회 34번** 영화를 (❶ 봅니다). 정말 재미있습니다. → 동사 **83회 35번** 한국 가수를 좋아합니다. 매일 한국 (❷ 노래)를 듣습니다. → 명사 **83회 37번** 저는 요즘 (❶ 바쁩니다). 시간이 없습니다. → 형용사 **83회 38번** 저는 김민수 씨를 모릅니다. 내일 (❶ 처음) 만납니다. → 부사
공식 3	빈칸에 단어(조사)를 넣는 문제	**83회 39번** 저는 볼펜이 없습니다. 연필 (❷ 만) 있습니다. → 조사
공식 4	실용문의 세부 내용 파악하기	**83회 42번** **수미** **수미** 저는 지금 제주도예요. 여기 날씨가 정말 좋아요. └ **민희** 와! 저도 가고 싶어요. └ **수미** 네. 우리 다음에 같이 와요. ♥ → ❹ 민희 씨는 수미 씨와 같이 있습니다. → 같이 있지 않습니다.
공식 6	중심 생각 고르기	**83회 47번** 여름에는 수영을 하러 바다에 자주 갑니다. 빨리 여름이 오면 좋겠습니다. → ❹ 저는 빨리 바다에서 수영하고 싶습니다.

공식 7	빈칸에 들어갈 어구 (문법) 고르기	**83회 51번** 또 평일 오전에 가면 무료로 꽃다발을 (❸ 만들거나) 꽃 그림 그리기를 할 수 있습니다.
공식 8	빈칸에 들어갈 어구 (접속부사) 고르기	**83회 49번** 우리 유치원에는 아이들이 많아서 일이 조금 힘듭니다. 또 집에 늦게 가는 날도 많습니다. (❷ 하지만) 아이들이 정말 귀엽고 예뻐서 저는 제 일을 좋아합니다.
공식 10	화제 파악하기	**83회 52번** 이 축제에서는 세계 여러 나라의 꽃을 볼 수 있습니다. 특히 올해 축제에서는 많은 사람이 모여서 꽃으로 세계 지도 만들기를 합니다. 또 평일 오전에 가면 무료로 꽃다발을 만들거나 꽃 그림 그리기를 할 수 있습니다. → ❹ 꽃 축제에서 할 수 있는 일
공식 11	순서대로 배열하기	**83회 57번** (나) 지난 주말에 채소를 사러 시장에 갔습니다. (가) 채소가 싸고 좋아서 많이 샀습니다. (라) 채소 가게 아주머니가 토마토를 하나 더 주셨습니다. (다) 아주머니가 주신 토마토 때문에 기분이 좋았습니다.
공식 12	빈칸에 들어갈 문장 고르기	**83회 61번** 자유롭게 여행하고 싶어서 (❹ 계획을 세우지 않고) 여기저기 가고 싶은 곳을 다니고 있습니다.
공식 13	글의 목적 파악하기	**83회 63번** 받는 사람: daehan@hankuk.com; minkuk@hankuk.com; sarang@hankuk.com …… 보낸 사람: mskim@hankuk.com 제 목: 직원 여러분, 안녕하십니까? 직원 여러분께 안녕하십니까? 우리 회사의 영어 수업이 다음과 같이 열립니다. 많은 분들의 관심을 바랍니다. ○ 수업 기간: 8월 1일~8월 31일(화, 목 19시~21시) ○ 수 업 료: 무료 ○ 신청 방법: 7월 22일(금)까지 이메일(mskim@hankuk.com)로 신청 → ❷ 수업 신청을 받으려고

공식 14	세부 내용 파악하기	83회 64번 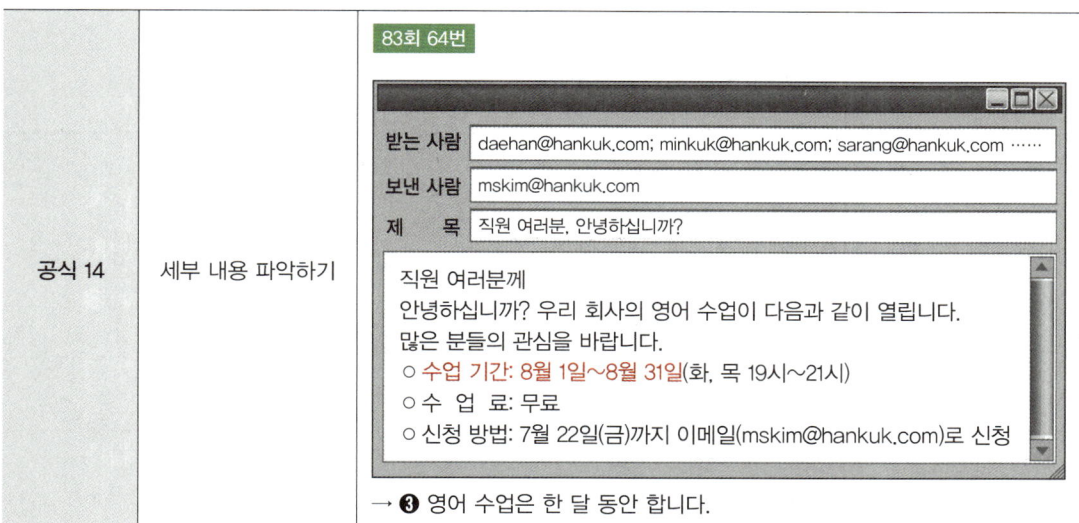 → ❸ 영어 수업은 한 달 동안 합니다.

〈제64회 기출 분석〉

1교시: 듣기

공식	질문 유형	기출 포인트
공식 2	형용사로 질문하기	**64회 2번** 남자: 구두가 커요? → 여자: ❸ 아니요, 구두가 작아요.
공식 3	동사로 질문하기	**64회 1번** 남자: 책을 읽어요? → 여자: ❷ 네, 책을 읽어요.
공식 5	시간을 묻는 표현	**64회 4번** 여자: 친구를 몇 시에 만나요? → 남자: ❹ 두 시에 만나요.
공식 7	무엇을 묻는 표현	**64회 3번** 남자: 지금 뭐 먹어요? → 여자: ❸ 김밥을 먹어요.
공식 13	요청 또는 부탁의 상황을 고르는 문제	**64회 5번** 남자: 수미 씨, 연필 좀 주세요. → 여자: ❸ 여기 있어요.
공식 15	칭찬 또는 축하와 감사의 상황을 고르는 문제	**64회 6번** 여자: 오늘 도와줘서 고마웠어요. → 남자: ❷ 아니에요.
공식 17	대화의 장소를 고르는 문제	**64회 10번** 남자: 저 여기 산책하러 자주 오는데 참 좋지요? 여자: 네, 나무도 많고 넓어서 좋네요. → ❷ 공원
공식 18	대화의 화제를 고르는 문제	**64회 13번** 남자: 저는 방학 때 제주도에 갈 거예요. 수미 씨는요? 여자: 저는 고향에 갈 거예요. → ❶ 계획

기출 포인트

공식 19	듣고 적절한 그림 고르기	**64회 15번** 여자: 어디가 아파서 오셨어요? 남자: 어제부터 계속 배가 아파서요. → ❸ 진찰을 하는 의사(여자)와 증상을 말하는 환자(남자)
공식 20	짧은 대화에서 내용과 같은 것 고르기	**64회 17번** 남자: 수미 씨, 내일 출장 가지요? 잘 다녀오세요. 여자: 아침에는 회사에 올 거예요. 저녁에 출발해요. 남자: 아, 그래요? 그럼 내일 봐요. → ❹ 남자는 내일 여자를 만날 겁니다.
공식 21	긴 대화에서 내용과 같은 것 고르기	**64회 21번** 여자: 제가 일하는 박물관에서 아르바이트할 사람을 찾고 있는데, 생각 있어요? → ❷ 여자는 박물관에서 일하고 있습니다.
공식 22	중심 생각을 고르는 문제	**64회 22번** 여자: 민수 씨, 이 영화 봤어요? 정말 재미있어요. 꼭 보세요. / 이 영화는 영화관에서 크게 봐야 돼요. 안 그러면 재미없어요. → ❹ 이 영화는 영화관에서 보는 게 좋습니다.
공식 23	대화를 듣고 두 문제에 대답하기	**64회 27번** 여자: 어제 드라마 '첫사랑' 봤어요? 거기에서 두 사람이 어떤 섬에 갔는데 정말 아름다웠어요. → ❹ 드라마에 나온 장소 **64회 28번** 남자: 저도 그거 봤어요. 거기 제가 작년 여름휴가 때 간 곳이에요. / 여수에 있는 섬인데, 경치가 아름다워서 드라마에 자주 나와요. → ❶ 남자는 작년 여름에 섬에 갔습니다.

2교시: 읽기

공식	질문 유형	기출 포인트
공식 1	화제를 고르는 문제	**64회 33번** 저는 **바지**를 좋아합니다. **치마**는 안 입습니다. → ❶ 옷
공식 2	빈칸에 단어(명사, 동사, 형용사, 부사)를 넣는 문제	**64회 34번** 저는 (❷ 학교)에 갑니다. **공부**를 합니다. → 명사 **64회 35번** **전화**를 합니다. 친구와 (❹ 이야기합니다). → 동사 **64회 36번** 집에서 은행이 (❷ 가깝습니다). **집 앞**에 있습니다. → 형용사 **64회 37번** 저는 **보통** 버스를 탑니다. (❶ 가끔) 지하철을 탑니다. → 부사
공식 3	빈칸에 단어(조사)를 넣는 문제	**64회 38번** 오늘은 수미의 생일입니다. 저는 **수미**(❹ 에게) 선물을 했습니다. → 조사
공식 4	실용문의 세부 내용 파악하기	**64회 42번** 〈 김미영 마이클 씨, 오늘 시간이 있어요? 친구들이 우리 집에 와요. 같이 집에서 영화를 볼 거예요. **마이클 씨도 오세요.** → ❷ 마이클 씨는 지금 미영 씨와 있습니다.
공식 5	내용과 같은 것 고르기	**64회 44번** 오늘도 인주시에 비가 많이 오겠습니다. 오후부터 비가 오고 밤에는 비가 오지 않겠습니다. **내일은 날씨가 맑겠습니다.** → ❶ 내일은 비가 내리지 않을 겁니다.
공식 6	중심 생각 고르기	**64회 47번** 저는 한복을 한번 입어 보고 싶었습니다. 그래서 이번 방학에 **한국에 가면 한복을 입어 볼 겁니다.** 한복을 입고 **사진도 찍을 겁니다.** → ❹ 한국에서 한복을 입어 보려고 합니다.
공식 7	빈칸에 들어갈 어구 (문법) 고르기	**64회 53번** 저는 초등학교 때 친하게 지낸 친구가 한 명 있었습니다. ~ 초등학교를 (❸ 졸업하고 나서) 그 친구는 부산으로 이사를 갔습니다.

공식 8	빈칸에 들어갈 어구(접속부사) 고르기	**64회 51번** 요즘은 꼭 열쇠가 필요한 것은 아닙니다. 자기만 아는 번호를 사용할 수도 있고 카드로 문을 열 수도 있습니다. (❶ 그리고) 사람마다 모두 다른 목소리나 얼굴 모양을 이용하는 방법도 있습니다.
공식 10	화제 파악하기	**60회 52번** 전에는 문을 열 때 항상 열쇠를 사용했습니다. 그런데 요즘은 꼭 열쇠가 필요한 것은 아닙니다. ~ 요즘은 이렇게 다양한 방법을 씁니다. → ❸ 문을 여는 여러 가지 방법
공식 11	순서대로 배열하기	**60회 58번** (라) 회사원들은 오랜 시간 앉아서 컴퓨터를 보고 일합니다. (가) 회사원들의 이런 생활은 목에 좋지 않습니다. (나) 그래서 잠깐씩 일어나서 목 운동을 해야 합니다. (다) 또 목 주위를 따뜻하게 해 주는 것도 도움이 됩니다.
공식 12	빈칸에 들어갈 문장 고르기	**60회 59번** 저는 피아노 학원에 다닌 지 3년이 되었습니다. (㉠ 처음에는 피아노를 전혀 치지 못했습니다). 지금은 여러 노래들을 잘 칠 수 있게 되었습니다.
공식 13	글의 목적 파악하기	**60회 63번** 우리 아파트 지하 주차장 물청소를 다음 주 월요일과 화요일에 할 예정입니다. • 청소 일정: 301동, 302동 – 7월 29일(월) • 청소 시간: 9:00~18:00 → ❹ 청소 날짜와 시간을 알리려고
공식 14	세부 내용 추론하기	**60회 70번** 몇 달 전, 우리 집 앞에서 떨고 있는 작고 마른 강아지를 보았습니다. ~ 저는 강아지를 집으로 데려와 먹을 것을 주고 잠도 재워 주었습니다. → ❹ 저는 길에서 데려온 강아지를 키우고 있습니다.

TOPIK I

〈제60회 기출 분석〉

1교시: 듣기

공식	질문 유형	기출 포인트
공식 2	형용사로 질문하기	**60회 1번** 남자: 사과가 맛있어요? → 여자: ❷ 네, 사과가 맛있어요.
공식 3	동사로 질문하기	**60회 2번** 여자: 오늘 학교에 가요? → 남자: ❸ 아니요, 학교에 안 가요.
공식 6	장소를 묻는 표현	**60회 3번** 남자: 이거 어디에서 샀어요? → 여자: ❹ 시장에서 샀어요.
공식 7	무엇을 묻는 표현	**60회 4번** 여자: 지금 뭐 해요? → 남자: ❷ 편지를 써요.
공식 12	인사하는 상황을 고르는 문제	**60회 6번** 여자: 민수 씨, 잘 가요. → 남자: ❸ 네, 안녕히 계세요.
공식 15	칭찬 또는 축하와 감사의 상황을 고르는 문제	**60회 5번** 남자: 생일 축하해요. → 여자: ❷ 고마워요.
공식 17	대화의 장소를 고르는 문제	**60회 9번** 여자: 이거 한국 돈으로 바꾸고 싶어요. 남자: 얼마나 바꿔 드릴까요? → ❶ 은행
공식 18	대화의 화제를 고르는 문제	**60회 12번** 여자: 저는 영화를 좋아해요. 민수 씨는요? 남자: 저는 운동을 좋아해요. → ❶ 취미

기출 포인트

공식 19	듣고 적절한 그림 고르기	**60회 15번** 여자: 이 수박 얼마예요? 남자: 만 원이에요. 하나 드릴까요? → ❷ 수박을 사려는 손님(여자)과 수박을 파는 점원(남자)
공식 21	긴 대화에서 내용과 같은 것 고르기	**60회 19번** 남자: 수미 씨, 어제는 왜 학교에 안 왔어요? 여자: 몸이 안 좋아서 집에 있었어요. → ❹ 여자는 어제 학교에 안 갔습니다.
공식 22	중심 생각을 고르는 문제	**60회 24번** 여자: 우리 여행 가서 뭐 할까요? 이제 계획을 세워야죠. / 미리 계획을 하고 가면 시간을 잘 쓸 수 있잖아요. → ❹ 계획을 세우고 여행을 가면 좋겠습니다.
공식 23	대화를 듣고 두 문제에 대답하기	**60회 29번** 남자: 외국인들에게 알려 주고 싶은 것이 아직 많아요. → ❹ 한국 사람의 생활 모습을 소개하고 싶어서 **60회 30번** 남자: 제가 호텔에서 일했는데, 그때 외국 손님들이 한국에 대한 질문을 많이 했어요. → ❶ 남자는 호텔에서 일을 한 적이 있습니다.

2교시: 읽기

공식	질문 유형	기출 포인트
공식 1	화제를 고르는 문제	**60회 31번** 저는 일본에서 왔습니다. 친구는 미국에서 왔습니다. → ❷ 나라
공식 2	빈칸에 단어(명사, 동사, 형용사, 부사)를 넣는 문제	**60회 35번** 비가 옵니다. 그런데 (❶ 우산)이 없습니다. → 명사 **60회 34번** 주스가 없습니다. 그래서 물을 (❸ 마십니다). → 동사 **60회 38번** 시험이 (❷ 쉬웠습니다). 그래서 시험을 잘 봤습니다. → 형용사 **60회 37번** 우리 형은 농구 선수입니다. 키가 (❶ 아주) 큽니다. → 부사
공식 3	빈칸에 단어(조사)를 넣는 문제	**60회 36번** 저는 의사입니다. 수진 씨(❹ 도) 의사입니다. → 조사
공식 4	실용문의 세부 내용 파악하기	**60회 40번** 영업시간: 오전 10시 ~ 오후 8시 월요일은 쉽니다. → ❶ 주말에 쉽니다. → 월요일
공식 5	내용과 같은 것 고르기	**60회 43번** 저는 화요일 저녁에 K-POP 수업에 갑니다. 거기에서 한국 노래를 부르고 춤을 배웁니다. 잘 못하지만 재미있습니다. → ❶ 저는 수업이 재미있습니다.
공식 6	중심 생각 고르기	**60회 46번** 저는 스키를 좋아합니다. 겨울이 되면 주말마다 스키를 타러 갑니다. 빨리 눈이 오는 겨울이 되면 좋겠습니다. → ❸ 저는 빨리 스키를 타고 싶습니다.
공식 7	빈칸에 들어갈 어구(문법) 고르기	**60회 49번** 저는 작년 한국 여행 때 비행기를 처음 탔습니다. 그런데 비행기 안에서 귀가 (❹ 아프기 시작했습니다). 귀가 계속 아파서 여행이 즐겁지 않았습니다.
공식 8	빈칸에 들어갈 어구(접속부사) 고르기	**60회 51번** 한국음악 박물관에서는 한국의 옛날 악기를 보고 악기 소리를 들을 수 있습니다. (❶ 그리고) 사진을 보면서 한국음악의 역사에 대해서 알 수 있습니다.

공식 10	화제 파악하기	**60회 52번** 한국음악 박물관에서는 한국의 옛날 악기를 보고 악기 소리를 들을 수 있습니다. (㉠) 사진을 보면서 한국음악의 역사에 대해서 알 수 있습니다. 주말에는 다양한 음악 공연을 볼 수 있습니다. 기념품을 살 수 있는 가게도 있습니다. → ❸ 박물관에서 할 수 있는 일
공식 11	순서대로 배열하기	**60회 57번** (라) 요즘 조금만 일해도 빨리 피곤해집니다. (가) 그래서 건강에 관심이 생겼습니다. (다) 건강을 위해서 운동을 하려고 합니다. (나) 내일부터 회사에 걸어 다닐 겁니다.
공식 12	빈칸에 들어갈 문장 고르기	**60회 59번** 사람들은 보통 텔레비전 프로그램을 볼 때 조용히 봅니다. 그러나 우리 가족은 다릅니다. (㉡ 텔레비전을 보면서 이야기를 많이 합니다). ~ 나와 아내의 회사 이야기도 하고 아이들의 학교 이야기도 합니다.
공식 13	글의 목적 파악하기	**60회 63번** 지난주 수요일에 ~ 구두를 주문했습니다. ~ 사이즈를 240으로 교환할 수 있을까요? → ❸ 구두 사이즈를 바꾸고 싶어서
공식 14	세부 내용 추론하기	**60회 70번** 저는 일 때문에 외국에서 삽니다. ~ 그런데 오늘 한국에 계시는 아버지에게서 소포가 왔습니다. 아버지가 그리신 고향의 사계절 그림이었습니다. 저는 고향의 사계절을 선물해 주신 아버지가 고마웠습니다. → ❹ 저는 소포를 받고 아버지의 사랑을 느꼈습니다.

PART 1

듣기 영역

유형 1	'네 / 아니요'로 대답하기
유형 2	질문에 대답하기
유형 3	상황에 맞는 대답 고르기
유형 4	장소 고르기
유형 5	화제 고르기
유형 6	그림 고르기
유형 7	내용과 같은 것 고르기
유형 8	중심 생각 고르기
유형 9	듣고 두 문제에 대답하기

기품을 지키되 사치하지 말 것이며 지성을
갖추되 자랑하지 말라.

- 신사임당

유형 1   PART.1 듣기 영역
'네 / 아니요' 로 대답하기

> 공식 1~3 참고

'네 / 아니요'로 대답하기 유형입니다. 질문을 듣고 '네' 또는 '아니요'로 대답하는 문제입니다.

This type of question is the 'Yes / No' answers. After you listen to the question, select the answer either 'Yes' or 'No' answer.

这是'是否题'的题型。聆听问题后，请选择两者之一的答案。

풀이비법 · TIPS · 解题技巧

1. 대화를 듣기 전에 선택지를 모두 읽으세요.
   핵심어를 확인하여 밑줄을 긋고 대화의 내용을 생각해 보세요.

2. 핵심어를 잘 들어보세요.

3. 선택지에서 정답을 선택하세요.

---

1. Read all the options carefully before you listen to the conversation.
   Identify and underline key words in order to predict what you are going to hear.

2. While you listen, pay close attention to the key words.

3. Choose one correct answer out of four possible options.

---

1. 在聆听对话前请先仔细阅读选项。
   为了预计你将会听到的内容，请确认核心语并把它划上底线。

2. 当你在聆听时，请密切注意核心语。

3. 在四个选择中选出一个正确的答案。

공식 1 '명사+이에요(예요)'로 질문하는 문제

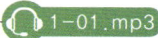

다음을 듣고 물음에 맞는 대답을 고르십시오.

남자 : 이거 김치예요?
여자 : ＿＿＿＿＿＿＿＿＿＿

① 네, 김치가 짜요.　　　　　　② 아니요, 김치가 아니에요.
③ 아니요, 김치가 맛있어요.　　　④ 네, 김치가 없어요.

공식

질문	명사이에요(예요)?　Noun이에요(예요)?　名词이에요(예요)?			
대답	긍정 ▶　Positive ▶　肯定 ▶	네, 명사이에요(예요).　Yes, noun이에요(예요).　是，名词이에요(예요)。	부정 ▶　Negative ▶　否定 ▶	아니요, 명사(조사) 아니에요.　No, noun(particle) 아니에요.　不是，名词(助词) 아니에요.

정답

긍정 ▶ 네, 김치예요.
　　　　Yes, it's kimchi.
　　　　是，这是泡菜。

부정 ▶ 아니요, 김치가 아니에요.
　　　　No, it's not kimchi.
　　　　不是，这不是泡菜。

답 ②

어휘

이거　　김치　　짜다　　아니다　　맛있다　　없다

유형 1

공식 적용하기

다음을 듣고 물음에 맞는 대답을 고르십시오.

> 남자 : 이거 김치예요? Is it kimchi? 这是泡菜吗?
>
> 질문 : 명사이에요(예요)?
> Noun이에요(예요)?
> 名词이에요(예요)?
>
> 여자 : _____
>
> 대답 : 긍정 ▶ 네, 명사이에요(예요).
> Yes, noun이에요(예요).
> 是，名词이에요(예요)。
>
> 부정 ▶ 아니요, 명사(조사) 아니에요.
> No, noun(particle) 아니에요.
> 不是，名词(助词) 아니에요。

① 네, 김치가 짜요.
② 아니요, 김치가 아니에요.
③ 아니요, 김치가 맛있어요.
④ 네, 김치가 없어요.

TIP

이 유형은 사람, 물건, 음식과 같은 명사들을 공부하면 도움이 됩니다.
명사는 명사를 설명하는 형용사 또는 동사와 함께 암기하세요. 기본 명사는 목록을 참고하세요. 36쪽을 참고하세요.

When you study this type of question, it will be helpful to study nouns such as people, things and foods. Please memorize nouns with adjectives or verbs to describe nouns. Refer to a list of basic nouns. Please refer to page 36.

在你学习这题型时，它会帮你学习到名词如人物，物件，食物。
请记住用形容词或动词来描述的名词。基本名词列表，请参考36页。

TOPIK I

연습문제 01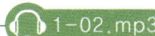

다음을 듣고 물음에 맞는 대답을 고르십시오.

① 아니요, 회원이 없어요.　　② 네, 회원이 가르쳐요.
③ 네, 회원이 배워요.　　　　④ 아니요, 회원이 아니에요.

공식

질문	명사이에요(예요)?
대답	긍정 ▶ 네, 명사이에요(예요). 부정 ▶ 아니요, 명사(조사) 아니에요.

정답

긍정 ▶ 네, 회원이에요.
부정 ▶ 아니요, 회원이 아니에요.

답 ④

어휘

회원　　없다　　가르치다　　배우다　　아니다

듣기지문

남자 : 헬스클럽 회원이에요?
여자 : _____

연습문제 02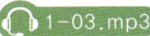

다음을 듣고 물음에 맞는 대답을 고르십시오.

① 네, 안경이에요.　　　　　　② 아니요, 안경을 팔아요.
③ 아니요, 안경을 사요.　　　　④ 네, 안경이 없어요.

공식

질문	명사이에요(예요)?
대답	긍정 ▶ 네, 명사이에요(예요). 부정 ▶ 아니요, 명사(조사) 아니에요.

정답

긍정 ▶ 네, 안경이에요.
부정 ▶ 아니요, 안경이 아니에요.

답 ①

어휘

안경　　이다　　팔다　　사다　　없다

듣기지문

여자 : 안경이에요?
남자 : _____

부록

명사

1. 사람 person 人

가족	할아버지	할머니	아버지
family	grandfather	grandmother	father
家人	祖父	祖母	父亲
어머니	남편	아내	아들
mother	husband	wife	son
母亲	丈夫	妻子	儿子
딸	남동생	여동생	오빠(여자 → 남자)
daughter	younger brother	younger sister	older brother
女儿	弟弟	妹妹	哥哥
형(남자 → 남자)	언니(여자 → 여자)	누나(남자 → 여자)	친척
older brother	older sister	older sister	relative
哥哥	姐姐	姐姐	亲戚
친구	군인	경찰관	의사
friend	soldier	policeman	doctor
朋友	军人	警察	医生
간호사	약사	사장님	회원
nurse	pharmacist	boss	member
护士	药剂师	老板	会员
회사원	선생님	남학생	여학생
worker	teacher	student (male)	student (female)
职员	老师	男学生	女学生

2. 물건 things 物件

가방	가위	거울	공책
bag	scissors	mirror	notebook
包	剪刀	镜子	笔记本
교과서 / 교재	구두	기타	넥타이
textbook	shoes	guitar	necktie
教科书	皮鞋	吉他	领带
달력	담배	돈	모자
calendar	cigarette	money	hat
月历	香烟	钱	帽子
목걸이	볼펜	사전	수첩
necklace	ballpoint	dictionary	booklet
项链	圆珠笔	词典	小笔记本
신발	안경	여권	연필
shoes	glasses	passport	pencil
鞋	眼镜	护照	铅笔
열쇠	우산	우표	운동화
key	umbrella	stamp	sneakers
钥匙	雨伞	邮票	运动鞋
인형	자전거	지갑	지우개
doll	bicycle	wallet	eraser
毛绒公仔	自行车	钱包	橡皮
책	치약	칫솔	카메라 / 사진기
book	toothpaste	toothbrush	camera
书	牙膏	牙刷	相机
택배 / 소포	텔레비전	통장	편지
parcel	television	bankbook	letter
包裹	电视	存折	信
필통	화장품	휴대 전화	휴지통
pencil case	cosmetics	cell phone	trash can
笔筒	化妆品	手携电话	废纸篓

3. 음식 food 食物

간식	국수	김밥
snack	noodle	Gimbap
零食	面条	紫菜包饭
김치	김치찌개	냉면
Kimchi	Kimchi stew	cold noodles
泡菜	辛奇汤	冷面
된장찌개	떡국	떡볶이
Soybean paste stew	Rice-cake soup	Stir-fried Rice Cake
大酱汤	年糕汤	辣炒年糕
라면	만두	맥주
instant noodles	dumpling	beer
方便面	饺子	啤酒
물	반찬	밥
mineral water	side dish	rice
水	小菜	饭
볶음밥	불고기	비빔밥
fried rice	Bulgogi	Bibimbap
炒饭	烤肉	拌饭
빵	삼계탕	설렁탕
bread	Chicken soup with ginseng	Stock soup of bone and stew meat
面包	参鸡汤	先农汤
우유	주스	한식
milk	juice	Korean food
牛奶	果汁	韩国料理

공식 2 — 형용사로 질문하기

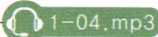

다음을 듣고 물음에 맞는 대답을 고르십시오.

여자 : 회사가 집에서 멀어요?
남자 : _____

① 네, 회사예요. ② 네, 회사가 집에서 멀어요.
③ 아니요, 회사가 좋아요. ④ 아니요, 회사가 아니에요.

공식

질문	명사(조사) 형용사? Noun(particle) adjective? 名词(助词) 形容词?			
대답	긍정 ▶	네, 명사(조사) 형용사. Yes, noun(particle) adjective. 是，名词(助词) 形容词。	부정 ▶	아니요, 명사(조사) 형용사의 반대말. No, noun(particle) the opposite of adjective. 不是，名词(助词) 形容词的相反词。

정답

긍정 ▶ 네, 회사가 집에서 멀어요.
 Yes, it's far from my home.
 是，公司离我家很远。

부정 ▶ 아니요, 회사가 집에서 가까워요.
 No, it's near my home.
 不是，公司离我家很近。

답 ②

어휘

집   회사   멀다   좋다   아니다

공식 적용하기

다음을 듣고 물음에 맞는 대답을 고르십시오.

여자 : 회사가 집에서 멀어요? Is a workplace far from your home? 公司离家很远?

> 질문 : 명사(조사) 형용사?
> Noun(particle) adjective?
> 名词(助词) 形容词?

남자 : _____

> 대답 : 긍정 ▶ 네, 명사(조사) 형용사.
> Yes, noun(particle) adjective.
> 是, 名词(助词) 形容词。
>
> 부정 ▶ 아니요, 명사(조사) 형용사의 반대말.
> No, noun(particle) the opposite of adjective.
> 不是, 名词(助词) 形容词的相反词。

① 네, 회사예요.
② 네, 회사가 집에서 멀어요.
③ 아니요, 회사가 좋아요.
④ 아니요, 회사가 아니에요.

TIP

이 유형은 사람 또는 물건을 설명하는 형용사들을 공부하면 도움이 됩니다. 형용사와 그 반대말 목록을 참고하세요. 43쪽을 참고하세요.

When you study this type of question, it will be helpful to study some adjectives for describing people or things. Refer to a list of adjectives and opposites. Please refer to page 43.

在你学习这题型时, 它会帮你学习到形容词来描述人或事物。形容词和相反词列表, 请参考43页。

유형1

연습문제 01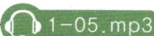

다음을 듣고 물음에 맞는 대답을 고르십시오.

① 아니요, 일이에요. ② 아니요, 일이 위험해요.
③ 네, 일이 필요해요. ④ 네, 일이 많아요.

공 식

질문	명사(조사) 형용사?
대답	긍정 ▶ 네, 명사(조사) 형용사. 부정 ▶ 아니요, 명사(조사) 형용사의 반대말.

정 답

긍정 ▶ 네, 일이 많아요.
부정 ▶ 아니요, 일이 적어요.

답 ④

어 휘

일   많다   위험하다   필요하다

듣기지문

여자 : 일이 많아요?
남자 : _____

연습문제 02

다음을 듣고 물음에 맞는 대답을 고르십시오.

① 네, 사전이에요.
② 아니요, 사전이 비싸요.
③ 아니요, 사전이 무거워요.
④ 네, 사전이 커요.

공식

질문	명사(조사) 형용사?
대답	긍정 ▶ 네, 명사(조사) 형용사.
	부정 ▶ 아니요, 명사(조사) 형용사의 반대말.

정답

긍정 ▶ 네, 사전이 싸요.
부정 ▶ 아니요, 사전이 비싸요.

답 ②

어휘

사전   싸다   비싸다   무겁다   크다

듣기지문

여자 : 사전이 싸요?
남자 : _____

부록

형용사와 형용사의 반대말

※ 형용사 단어에 '안' 또는 '–지 않다'를 붙여 반대 표현을 만들어 보세요.

가깝다	near/close	近		멀다	far	远
가늘다	thin	细		굵다	thick	粗
가볍다	light	轻		무겁다	heavy	重
같다	same	相同		다르다	different	不同
건강하다	healthy	(身体)健康		아프다	sick	生病
기쁘다	glad	高兴		슬프다	sad	伤心
길다	long	长		짧다	short	短
깊다	deep	深		얕다	shallow	浅
깨끗하다	clean	干净		더럽다	dirty	肮脏
넓다	wide	广阔		좁다	narrow	狭窄
나쁘다	bad	坏		좋다	good	好
낮다	low	低		높다	high	高
느리다	slow	慢	↔	빠르다	fast	快
달다	sweet	甜		쓰다	bitter	苦
덥다	hot	热		춥다	cold	冷
두껍다	thick	厚		얇다	thin	薄
뜨겁다	hot	烫		차갑다	cold	凉
많다	many	多		적다	little	少
맑다	sunny	晴朗		흐리다	cloudy	阴沉
맛있다	delicious	好吃		맛없다	unappetizing	不好吃
바쁘다	busy	忙碌		한가하다	free	闲暇
밝다	bright	明亮		어둡다	dark	黑暗
배고프다	hungry	饥饿		배부르다	full	饱
쉽다	easy	容易		어렵다	difficult	难
시끄럽다	noisy	嘈杂		조용하다	silent	安静
싱겁다	insipid	味淡		짜다	salty	咸

싸다	cheap	便宜	↔	비싸다	expensive	贵
싫다	dislike	讨厌		좋다	like	喜欢
안전하다	safety	安全		위험하다	danger	危险
이르다	early	提早		늦다	late	迟
재미있다	interesting	有趣		재미없다	boring	没意思
작다	small	小		크다	big	大

※ [비교] 이다〈조사〉 / 있다〈동사, 형용사〉

이다	be	是	↔	아니다	be not	不是
있다	there is / there are	有		없다	there is no/not / there are no/not	没有

※ 빈출 형용사

귀엽다	노랗다	따뜻하다	맵다
cute	yellow	warm	spicy
可爱的	黄色	温暖的	辣的
멋있다	무섭다	부드럽다	시원하다
cool	scared	soft	cool
帅	可怕的	柔软的	凉快
예쁘다	파랗다	하얗다	힘들다
pretty	blue	white	hard
漂亮的	蓝色	白色	辛苦

공식 3 동사로 질문하기

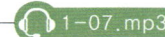

다음을 듣고 물음에 맞는 대답을 고르십시오.

여자 : 내일 영화를 봐요?
남자 : _____

① 네, 영화를 찾아요.　　　　② 네, 영화를 봐요.
③ 아니요, 영화가 있어요.　　④ 아니요, 영화가 아니에요.

공식

질문	명사(조사) 동사?			
	Noun(particle) verb?			
	名词(助词) 动词?			
대답	긍정 ▶	네, 명사(조사) 동사. Yes, noun(particle) verb. 是，名词(助词) 动词。	부정 ▶	아니요, 명사(조사) '안' 동사. No, noun(particle) '안' verb. 不是，名词(助词) '안' 动词。

정답

긍정 ▶ 네, 영화를 봐요.　　　　　　　　부정 ▶ 아니요, 영화를 안 봐요.
Yes, I'm going to see a movie tomorrow.　　No, I'm not going to see a movie tomorrow.
是，我明天去看电影。　　　　　　　　　不是，我明天不去看电影。

답 ②

어휘

내일　영화　보다　찾다　있다　아니다

TOPIK I

공식 적용하기

다음을 듣고 물음에 맞는 대답을 고르십시오.

여자 : 내일 영화를 봐요? Are you going to see a movie tomorrow? 你明天去看电影吗？

질문 : 명사(조사) 동사?
Noun(particle) verb?
名词(助词) 动词？

남자 : _____

대답 : 긍정 ▶ 네, 명사(조사) 동사.
Yes, noun(particle) verb.
是，名词(助词) 动词。

부정 ▶ 아니요, 명사(조사) '안' 동사.
No, noun(particle) '안' verb.
不是，名词(助词) '안' 动词。

① 네, 영화를 찾아요.
② 네, 영화를 봐요.
③ 아니요, 영화가 있어요.
④ 아니요, 영화가 아니에요.

TIP

이 유형은 기본 동사들을 공부하면 도움이 됩니다.
기본 동사와 동사의 반대말 목록을 참고하세요. 49쪽을 참고하세요.

When you study this type of question, it will be helpful to study basic verbs.
Refer to a list of basic verbs and opposites of some verbs. Please refer to page 49.

在你学习这题型时，它会帮你学习到基本动词。
请记住基本动词和某些动词的相反词，请参考49页。

연습문제 01

다음을 듣고 물음에 맞는 대답을 고르십시오.

① 네, 공항에 없어요.
② 아니요, 공항에 안 가요.
③ 네, 공항이 아니에요.
④ 아니요, 공항에서 일해요.

공식

질문	명사(조사) 동사?
대답	긍정 ▶ 네, 명사(조사) 동사. 부정 ▶ 아니요, 명사(조사) '안' 동사.

정답

긍정 ▶ 네, 공항에 가요.
부정 ▶ 아니요, 공항에 안 가요.

답 ②

어휘

오늘　　공항　　가다　　없다　　아니다　　일하다

듣기지문

여자 : 오늘 공항에 가요?
남자 : _____

연습문제 02

다음을 듣고 물음에 맞는 대답을 고르십시오.

① 네, 김밥을 먹어요.
② 아니요, 김밥이에요.
③ 아니요, 김밥이 아니에요.
④ 네, 김밥을 팔아요.

공식

질문	명사(조사) 동사?
대답	긍정 ▶ 네, 명사(조사) 동사. 부정 ▶ 아니요, 명사(조사) '안' 동사.

정답

긍정 ▶ 네, 김밥을 먹어요.
부정 ▶ 아니요, 김밥을 안 먹어요.

답 ①

어휘

김밥   먹다   아니다   팔다

듣기지문

남자 : 김밥을 먹어요?
여자 : _____

부록

동사

※동사 단어에 '–지 않다' 또는 '안'을 붙여 반대 표현을 만들어 보세요.

1. 기본 동사

하다	do	做	만들다	make	制造
일하다	work	工作	만나다	meet	见
공부하다	study	学习	먹다	eat	吃
보다	see	看	마시다	drink	喝
듣다	listen	听	건너다	cross	过
읽다	read	阅读	(사진을) 찍다	take a photo	拍照片
쓰다	write	写	키우다	rear	饲养
찾다	search	寻找	(신발을) 신다	put on shoes	穿鞋子

2. 동사와 동사의 반대말

한국어	영어	중국어		한국어	영어	중국어
가다	go	去		오다	come	来
가르치다	teach	教		배우다	learn	学习
꺼내다	take out	掏出		넣다	put in	装进
(불을) 끄다	turn off	关		(불을) 켜다	turn on	开
닫다	close	关		열다	open	开
만나다	meet	会面		헤어지다	part	告别
받다	take	接		주다	give	给
(옷을) 벗다	take off	脱		(옷을) 입다	wear	穿
(모자를) 벗다	put off hat	脱帽子		(모자를) 쓰다	put on hat	戴帽子
보내다	send	送		받다	receive	收
붙이다	stick	贴		떼다	remove	摘下
사다	buy	买		팔다	sell	卖
살다	live	活		죽다	die	死
시작하다	start	开始		끝나다	finish	结束
알다	know	知道		모르다	do not know	不知道

이기다	win	赢		지다	lose	输
자다	sleep	睡觉		일어나다	get up	起来
좋아하다	like	喜欢	↔	싫어하다	dislike	讨厌
출발하다	depart	出发		도착하다	arrive	到达
(버스를) 타다	get on	乘		(버스를) 내리다	get off	降

※ 빈출 동사

(고기를) 굽다	roast meat	烧烤
(그림을) 그리다	paint	绘画
(주스를) 마시다	drink juice	喝
(주사를) 맞다	get a shot	注射
(길을) 묻다	ask one's way	问
(화장품을) 바르다	put on cosmetics	涂抹
(줄을) 서다	line up	排队
(껌을) 씹다	chew gum	嚼
(약속을) 지키다	keep one's word	遵守
(춤을) 추다	dance	跳舞
(테니스를) 치다	play tennis	打
(숙제를) 하다	do one's homework	做

유형 2 질문에 대답하기

PART.1 듣기 영역

공식 4~11 참고

'의문사에 맞는 대답 고르기' 유형입니다. 이 유형은 '누가', '언제', '어디서', '무엇', '왜', '어떻게' 와 같은 의문사로 시작합니다.

This type of question is the 'Selcet the appropriate answer to the question words'. As you can understand from its name, most of them start with a question word such as: who, when, where, what, why, how.

这是选择 '疑问词最合适的答案' 的题型。这题型由疑问词 '谁'、'何时'、'在哪里'、'什么'、'为什么'、'如何' 等开始。

누가	사람에 대한 정보를 물어볼 때 사용합니다.
언제	동작이 발생한 시간에 대한 정보를 물어볼 때 사용합니다.
어디서	사람이나 물건의 위치에 대한 정보를 물어볼 때 사용합니다.
무엇	누군가 또는 무언가에 대한 정보를 물어볼 때 사용합니다.
왜	무언가 일이 일어난 이유나 누군가 무엇을 하는 이유를 물을 때 사용합니다.
어떻게	무언가 일어난 방식이나 누군가의 동작 또는 누군가가 무엇을 하는 방법을 물어 볼 때 사용합니다.

Who	is used to obtain information about a person or people.
When	is used to obtain information about the time period in which an action occurs.
Where	is used to obtain information about the location of a person or thing.
What	is used to request information about somebody or something.
Why	is used to obtain information about the reason something happens, or the reason somebody does something.
How	is used to obtain information about the way something happens, or the manner or way somebody behaves or does something.

谁	这是用以获取有关个人或第三者的资讯。
何时	这是用以获取有关事情发生的时间资讯。

在哪里	这是用以获取有关某人或某事物的位置资讯。
什么	这是用以请求关于某人或某事的资讯。
为什么	这是用以获取有关某事发生的原因，或某人做某事的原因的资讯。
如何	这用以获得以下资讯：事情发生的经过，某人的行为或礼貌或做事方式。

정답은 '네 / 아니요'로 대답하기보다 더 자세한 정보입니다. 따라서 이 유형은 '네' 또는 '아니요' 로 대답할 수 없습니다.

The answer to the question is more detailed information than 'Yes / No answers'. So you can not choose 'Yes' or 'No'.

答案需包括详细资讯，不能用是否作答。

풀이비법 · TIPS · 解题技巧

1. 대화를 듣기 전에 선택지를 읽으세요.
   핵심어를 확인하여 밑줄을 긋고 대화의 내용을 생각해 보세요.

2. 짧은 문장이므로 잘 들으세요.
   (1) 대화에서 사용한 의문사에 집중하세요.
   (2) 대화의 핵심어를 메모하세요.

3. 선택지에서 정답을 선택하세요.
   '네'와 '아니요'로 대답할 수 없습니다.

---

1. Read the options carefully before you listen to the conversation.
   Identify and underline key words in order to predict what you are going to hear.

2. Listen carefully, as it's a short sentence.
   (1) Pay close attention to the question word used in the csonversation.
   (2) Please write down key words.

3. Choose one correct answer out of four possible options.
   You can not choose 'Yes' or 'No'.

---

1. 在聆听对话前请先仔细阅读选项。
   为了预计你将会听到的内容，请确认核心语并把它划上底线。

2. 请小心聆听短句子。
   (1) 密切注意对话中使用的疑问词。
   (2) 记录在对话中出现的核心语。

3. 在四个选择中选出一个正确的答案。不能用是否作答。

공식 4 — 사람을 묻는 표현(누가 / 누구+조사)

※ '누가'는 '누구가'의 줄임말이다.
※ '누가' is the abbreviation of '누구가'.
※ '누가' 是 '누구가' 的缩略语。

🎧 2-01.mp3

다음을 듣고 물음에 맞는 대답을 고르십시오.

남자 : 누구와 여행을 해요?
여자 : _____

① 친구와 여행을 해요.　　　　② 처음 여행을 가요.
③ 여행사에서 만나요.　　　　④ 오늘 저녁에 가요.

공식

질문	누구(조사) Who(particle) 谁(助词)	명사(조사) noun(particle) 名词(助词)	동사? verb? 动词?
대답	사람(조사) People(particle) 人(助词)	명사(조사) noun(particle) 名词(助词)	동사. verb. 动词。

정답

친구와 여행을 해요.
I'm traveling with my friend.
我和朋友一起去旅行。

답 ①

어휘

누구　여행(을) 하다　친구　처음　가다　여행사　만나다　오늘　저녁

TOPIK I

> **공식 적용하기**

다음을 듣고 물음에 맞는 대답을 고르십시오.

남자 : 누구와 여행을 해요? Who are you traveling with? 你和谁一起去旅行?

질문 : 누구(조사)   명사(조사)   동사?
      Who(particle) noun(particle) verb?
      谁(助词)   名词(助词)   动词?

여자 : _____

대답 : 사람(조사)   명사(조사)   동사.
      People(particle) noun(particle) verb.
      人(助词)   名词(助词)   动词。

① 친구와 여행을 해요.
② 처음 여행을 가요.
③ 여행사에서 만나요.
④ 오늘 저녁에 가요.

> **TIP**

이 유형은 '누구'에 대한 대답을 찾는 문제입니다. 정답은 사람의 이름, 직업입니다.
직업과 관련된 단어는 57쪽을 참고하세요.

This type of question is to find the answer for 'who'. The answer is a person's name, a occupation. Words related to occupations, please refer to page 57.

这是找出答案 '谁' 的题型。正确答案是一个人的名字，职业。
所以与职业相关的词语请参考57页。

연습문제 01

다음을 듣고 물음에 맞는 대답을 고르십시오.

① 동생이 청소를 해요.   ② 아침에 청소를 해요.
③ 가끔 청소를 해요.   ④ 교실을 청소해요.

공식

질문	누가(조사) 명사(조사) 동사?
대답	사람(조사) 명사(조사) 동사.

정답

동생이 해요.
동생이 청소를 해요.

답 ①

어휘

청소(를) 하다   동생   아침   가끔   교실

듣기지문

여자 : 누가 청소를 해요?
남자 : _____

TOPIK I

연습문제 02

🎧 2-03.mp3

다음을 듣고 물음에 맞는 대답을 고르십시오.

① 지금 왔어요.
② 저분은 간호사예요.
③ 나랑 함께 갔어요.
④ 학교에서 만났어요.

공식

질문	대명사(조사) 누구예요?
대답	대명사(조사) 사람(명사)예요.

정답

저분은 간호사예요.

답 ②

어휘

지금   오다   간호사   함께   가다   학교   만나다

듣기지문

남자 : 저분은 누구예요?
여자 : _____

부록

직업 표현

가수	singer	歌手
간호사	nurse	护士
경찰	policeman	警察
공무원	civil servants	公务员
교사 / 선생님	teacher	老师
교수	professor	教授
군인	soldier	军人
기자	reporter	记者
만화가	cartoonist	漫画家
모델	model	模特
변호사	lawyer	律师
아나운서	announcer	播音员
약사	pharmacist	药剂师
연예인	entertainer	演艺人
영화배우	actor	电影演员
요리사	chef	厨师
운전사	driver	司机
유학생	foreign student	留学生
은행원	bank clerk	银行职员
음악가	musician	音乐家
의사	doctor	医生
종업원	employee	雇员
학생	student	学生
화가	painter, artist	画家
회사원	worker	职员

TOPIK I

공식 5 — 시간을 묻는 표현(언제 / 몇 시+조사 / 몇 월+조사)

🎧 2-04.mp3

다음을 듣고 물음에 맞는 대답을 고르십시오.

남자 : 언제 출근을 해요?
여자 : _____

① 지금 퇴근을 해요.
② 7시에 출근을 해요.
③ 회사에서 출근을 해요.
④ 어제 지하철에서 봤어요.

공식

질문	언제　명사(조사)　동사? When　noun(particle)　verb? 何时　名词(助词)　动词?	
대답	1.　명사(조사)　동사. 　　Noun(particle)　verb. 　　名词(助词)　动词。 2.　명사(조사)　명사(조사)　동사. 　　Noun(particle)　noun(particle)　verb. 　　名词(助词)　名詞(助词)　动词。	

정답

7시에 출근을 해요.
I go to work at 7:00.
我7点去上班。

답 ②

어휘

출근(을) 하다　　지금　　퇴근(을) 하다　　회사　　어제　　지하철　　보다

유형 2

공식 적용하기

다음을 듣고 물음에 맞는 대답을 고르십시오.

남자 : 언제 출근을 해요? When do you go to work? 你什么时候去上班?

질문 : 언제　　명사(조사)　　동사?
　　　　When　 noun(particle)　verb?
　　　　何时　 名词(助词)　　动词?

여자 : _____

대답 :　명사(조사)　　동사.
　　　 Noun(particle)　verb.
　　　 名词(助词)　　动词。

① 지금 퇴근을 해요.
② 7시에 출근을 해요.
③ 회사에서 출근을 해요.
④ 어제 지하철에서 봤어요.

TIP

이 유형은 '언제'에 대한 대답을 찾는 문제입니다. 정답은 시간과 관련된 단어입니다. 시간과 관련된 단어는 62쪽을 참고하세요.

This type of question is to find the answer for 'when'. Words with the meaning of time is the correct answer. Words related to time, please refer to page 62.

这是找出答案 '何时' 的题型。含有时间意思的名词便是答案。时间相关的词语请参考62页。

TOPIK I

연습문제 01

다음을 듣고 물음에 맞는 대답을 고르십시오.

① 7시에 먹을 거예요.
② 집에서 먹을 거예요.
③ 동생하고 먹을 거예요.
④ 삼겹살을 먹을 거예요.

공식

질문	언제 명사(조사) 동사?
대답	명사(조사) 동사. 명사(조사) 명사(조사) 동사.

정답

7시에 먹을 거예요.
7시에 저녁을 먹을 거예요.

답 ①

어휘

저녁　　먹다　　집　　동생　　삼겹살

듣기지문

여자 : 언제 저녁을 먹을 거예요?
남자 : _____

연습문제 02

다음을 듣고 물음에 맞는 대답을 고르십시오.

① 언니와 출발해요.
② 다섯 시에 도착해요.
③ 5월에 가요.
④ 사무실에서 출발해요.

공식

질문	몇 시(조사) 동사?
대답	명사(조사) 또는 부사(조사) 동사.

정답

다섯 시에 도착해요.

답 ②

어휘

도착하다   언니   출발하다   다섯   가다   사무실

듣기지문

남자 : 몇 시에 도착해요?
여자 : _____

부록

시간 표현

년(해)	작년	올해	내년		
year	last year	this year	next year		
年	去年	今年	明年		
계절	봄	여름	가을	겨울	
season	spring	summer	autumn	winter	
季节	春天	夏天	秋天	冬天	
달(월)	지난 달	이번 달	다음 달		
month	last month	this month	next month		
月	上个月	这个月	下个月		
주	지난 주	이번 주	다음 주		
week	last week	this week	next week		
周	上周	这周	下周		
평일	월요일	화요일	수요일	목요일	금요일
week day	Monday	Tuesday	Wednesday	Thursday	Friday
平日	星期一	星期二	星期三	星期四	星期五
주말	토요일	일요일			
weekend	Saturday	Sunday			
周末	星期六	星期天			
휴일	공휴일	방학	휴가		
day off	holidays	vacation	leave		
休息天	公休日	放假	假期		
하루	어제	오늘	내일	모레	
day	yesterday	today	tomorrow	the day after tomorrow	
一天	昨天	今天	明天	后天	
아침	낮	저녁	밤	새벽	오전	오후
morning	noon	evening	night	dawn	morning	afternoon
早上	中午	傍晚	晚上	凌晨	上午	下午
시간	시	분	초		
time	hour	minute	second		
时间	时	分	秒		

부록

수 읽기와 순서

1. 수 읽기 numeral reading 读数字

	숫자(수)			numerals	数字
0	영	–	–	zero	零
1	일	한	하나	one	一
2	이	두	둘	two	二
3	삼	세	셋	three	三
4	사	네	넷	four	四
5	오	–	다섯	five	五
6	육	–	여섯	six	六
7	칠	–	일곱	seven	七
8	팔	–	여덟	eight	八
9	구	–	아홉	nine	九
10	십	–	열	ten	十
20	이십	–	스물	twenty	二十
30	삼십	–	서른	thirty	三十
40	사십	–	마흔	forty	四十
50	오십	–	쉰	fifty	五十
60	육십	–	예순	sixty	六十
70	칠십	–	일흔	seventy	七十
80	팔십	–	여든	eighty	八十
90	구십	–	아흔	ninety	九十

천	백	십	일	천	백	십	일	천	백	십	일	숫자(수)	numerals	数字
		억				만		1	0	0		백	hundred	百
								1	0	0	0	천	thousand	千
							1	0	0	0	0	만	ten thousand	万
						1	0	0	0	0	0	십만	a hundred thousand	十万
					1	0	0	0	0	0	0	백만	million	一百万
				1	0	0	0	0	0	0	0	천만	ten million	一千万
			1	0	0	0	0	0	0	0	0	억	one hundred million	一亿

예 329 : 삼백 이십 구
14975 : 만 사천 구백 칠십 오

2. 순서 order 順序

	순서	order	順序
1	첫째	first	第一
2	둘째	second	第二
3	셋째	third	第三
4	넷째	fourth	第四
5	다섯째	fifth	第五
6	여섯째	sixth	第六
7	일곱째	seventh	第七
8	여덟째	eighth	第八
9	아홉째	ninth	第九
10	열째	tenth	第十

공식 6 장소를 묻는 표현(어디+조사)

다음을 듣고 물음에 맞는 대답을 고르십시오.

남자 : 어디에서 이 옷을 샀어요?
여자 : _____

① 어제 샀어요.
② 남대문에서 샀어요.
③ 동생이 샀어요.
④ 8시에 샀어요.

공식

질문	어디(조사)	명사(조사)	동사?
	Where(particle)	noun(particle)	verb?
	哪里(助词)	名词(助词)	动词?
대답	1. 명사(조사)	동사.	
	Noun(particle)	verb.	
	名词(助词)	动词。	
	2. 명사(조사)	명사(조사)	동사.
	Noun(particle)	noun(particle)	verb.
	名词(助词)	名词(助词)	动词。

정답

남대문에서 샀어요.
I bought at Namdaemun.
我在南大门买的。

답 ②

어휘

옷 사다 어제 남대문 동생

TOPIK I

> **공식 적용하기**

다음을 듣고 물음에 맞는 대답을 고르십시오.

남자 : <mark>어디</mark>에서 이 옷을 샀어요? Where did you buy these clothes? 你在哪里买这些衣服?

질문 :	<mark>어디</mark>(조사)	명사(조사)	동사?
	Where(particle)	noun(particle)	verb?
	哪里(助词)	名词(助词)	动词?

여자 : _____

대답 :	명사(조사)	동사.
	Noun(particle)	verb.
	名词(助词)	动词。

① 어제 샀어요.
② <mark>남대문</mark>에서 샀어요.
③ 동생이 샀어요.
④ 8시에 샀어요.

> **TIP**

이 유형은 '어디'에 대한 대답을 찾는 문제입니다. 정답은 장소 또는 방향입니다.
따라서 일반적인 장소와 한국의 유명한 장소는 꼭 암기해야 합니다. 69쪽을 참고하세요.

This type of question is to find the answer for 'Where'. The answer is a place or direction.
Therefore, memorize the normal place and the famous place of Korea. Please refer to page 69.

这是找出答案'哪里'的题型。答案是一个场所或方向。因此,应该记住一般的场所和韩国着名的景点。请参考69页。

연습문제 01

다음을 듣고 물음에 맞는 대답을 고르십시오.

① 오늘 여행을 가요.
② 자전거 여행을 해요.
③ 한국으로 여행을 가요.
④ 엄마와 여행을 해요.

공식

질문	어디(조사) 명사(조사) 동사?
대답	명사(조사) 동사. 명사(조사) 명사(조사) 동사.

정답

한국으로 가요.
한국으로 여행을 가요.

답 ③

어휘

여행　　가다　　오늘　　자전거　　한국　　엄마

듣기지문

여자 : 어디로 여행을 가요?
남자 : _____

TOPIK I

연습문제 02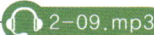

다음을 듣고 물음에 맞는 대답을 고르십시오.

① 시청에서 만나요.　　② 다섯 시에 만나요.
③ 남동생과 만나요.　　④ 친구를 만나요.

공식

질문	어디(조사) 동사?
대답	명사(조사) 동사.

정답

시청에서 만나요.

답 ①

어휘

오늘　　만나다　　시청　　남동생　　친구

듣기지문

남자 : 오늘 어디에서 만나요?
여자 : _____

부록

장소와 방향 표현

1. 장소 place 场所

가게	store	店
경찰서	police office	警察局
공원	park	公园
공장	factory	工厂
공항	airport	机场
관광지	the sights	旅遊区
교실	classroom	教室
극장	theater	剧场
기숙사	dormitory	宿舍
기차역	train station	火车站
꽃집	flower shop	花店
노래방	karaoke room	卡拉OK
놀이공원	amusement park	游乐场
대사관	embassy	大使馆
대학교	university	大学
도서관	library	图书馆
동물원	zoo	动物园
레스토랑	restaurant	餐厅
매표소	ticket office	售票处
문구점	stationery store	文具店
미술관	art museum	美术馆
미용실	beauty salon	理发厅
박물관	museum	博物馆
방송국	broadcasting company	电视台
백화점	department store	百货商店

병원	hospital	医院
빵집	bakery	面包店
사무실	office	办公室
사진관	photo studio	照相馆
서점	bookstore	书店
수영장	swimming pool	游泳池
시장	market	市场
시청	city hall	市厅
식당	restaurant	食堂
약국	pharmacy	药店
여행사	travel agency	旅行社
영화관	cinema	电影院
우체국	post office	邮局
운동장	playground	运动场
은행	bank	银行
정류장	stop	车站
주유소	gas station	加油站
주차장	parking lot	停车场
지하철역	subway station	地铁站
집	home	家
체육관	gym	体育馆
커피숍	coffee shop	咖啡厅
학교	school	学校
호텔	hotel	酒店
회사	workplace	公司

2. 한국의 유명한 장소 the famous place of Korea 韩国著名的景点

남대문	Namdaemun	南大门		서울	Seoul	首尔
동대문	Dongdaemun	东大门		인천	Incheon	仁川
남산	Namsan	南山		부산	Busan	釜山
서울역	Seoul station	首尔站		대구	Daegu	大邱
종로	Jongno	钟路		광주	Gwangju	光州
명동	Myeongdong	明洞		울산	Ulsan	蔚山
강남	Kangnam	江南		제주도	Jeju island	济州岛

3. 방향 direction 方向

이곳	this place	这里		그곳	there	那里
저곳	that place	那边		여기	here	这里
거기	there	那里		저기	that place	那边
여기저기	here and there	这里那里		앞	front	前边
뒤	back	后边		위	on	上边
아래 = 밑	under	下边		옆	side	侧边
근처	near	附近		왼쪽	left	左边
오른쪽	right	右边		가운데	center	中间
건너편 = 맞은편	the opposite side	对面				

유형 2

공식 7 무엇을 묻는 표현(무엇 / 뭐 / 무슨 / 어떤 / 어느)

🎧 2-10.mp3

다음을 듣고 물음에 맞는 대답을 고르십시오.

남자 : 무슨 책을 살 거예요?
여자 : _____

① 오늘 살 거예요.　　　　　② 오빠가 줄 거예요.
③ 요리책을 살 거예요.　　　④ 백화점에서 살 거예요.

공식

질문	무슨　명사(조사)　동사? What　noun(particle)　verb? 什么　名词(助词)　动词?
대답	명사(조사)　동사. Noun(particle)　verb. 名词(助词)　动词。 명사와 동사를 연결하기 책 + 사다 ⇨ ○○책을 살 거예요.

정답

요리책을 살 거예요.
I want to buy a cookbook.
我想买一本食谱。

답 ③

어휘

책　사다　오늘　오빠　주다　요리책　백화점

TOPIK I

> **공식 적용하기**

다음을 듣고 물음에 맞는 대답을 고르십시오.

남자 : 무슨 책을 살 거예요? What kind of books do you want to buy? 你想要买什么样的书?

질문 : 무슨　　명사(조사)　동사?
　　　 What　 noun(particle)　verb?
　　　 什么　 名词(助词)　　动词?

여자 : _____

대답 : 명사(조사)　동사.
　　　 Noun(particle)　verb.
　　　 名词(助词)　　动词。

① 오늘 살 거예요.
② 오빠가 줄 거예요.
③ 요리책을 살 거예요.
④ 백화점에서 살 거예요.

> **TIP**

이 유형은 '무엇'에 대한 대답을 찾는 문제입니다. 정답은 의문사 뒤에 오는 명사, 동사, 형용사가 결정합니다. 따라서 의문사 뒤에 어떤 명사, 동사, 형용사가 오는지 잘 듣고 메모해야 합니다.

This type is to find the answer for 'What'. The answer depends on the following question words are noun, verb, adjective.
Therefore, some question words followed by a noun, verb, adjective that comes to listen and be write it down.

这是找出答案 '什么' 的题型。正确答案决定于疑问词后面的名词、动词和形容词。
所以有些疑问词后面接名词、动词、形容词必须细听并记录下来。

연습문제 01

다음을 듣고 물음에 맞는 대답을 고르십시오.

① 우체국에서 보낼 거예요. ② 편지를 보낼 거예요.
③ 선생님에게 보낼 거예요. ④ 일요일에 보낼 거예요.

공식

질문	무엇(조사) 동사?
대답	명사(조사) 동사. 명사와 동사를 연결하기 ⇨ 편지 + 보내다

정답

편지를 보낼 거예요.

답 ②

어휘

보내다   우체국   편지   선생님   일요일

듣기지문

여자 : 무엇을 보낼 거예요?
남자 : _____

연습문제 02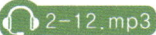

다음을 듣고 물음에 맞는 대답을 고르십시오.

① 색깔이 예뻐요.
② 저기에 있어요.
③ 검정색으로 했어요.
④ 흰색이 예뻐요.

공식

질문	어떤 명사(조사) 형용사?
대답	명사(조사) 형용사. 명사와 형용사를 연결하기 ⇨ 색깔 + 예쁘다

정답

흰색이 예뻐요.

답 ④

어휘

색깔   예쁘다   저기   있다   검정색   흰색

듣기지문

남자 : 어떤 색깔이 예뻐요?
여자 : _____

부록

무슨, 어떤, 어느 + 명사 표현

1. 무슨 + 명사

무엇인지 모르는 일이나 대상, 물건 등을 물을 때 사용한다.

'무슨' is used in questions to ask for particular information about somebody/something.

'무슨' 使用在对不知道的事情、对象、事物等作提问。

(1) 무슨 책을 샀어요?	What kind of book did you buy?	你买了什么书？
→ 한국어 책을 샀어요.	I bought a Korean language book.	我买了韩语书。
(2) 무슨 음악을 좋아해요?	What kind of music do you like?	你喜欢什么音乐？
→ 한국 음악을 좋아해요.	I like K-pop.	我喜欢K-pop。

2. 어떤 + 명사

사람이나 사물의 특성, 내용, 상태, 성격이 무엇인지 물을 때 사용한다.

'어떤' is used to ask for describe something including somebody/something's characteristic, content, state, personality.

'어떤' 使用在对某人或者某事的特征、内容、状态、性格作提问。

(1) 어떤 과일을 좋아해요?	Which fruit is your favorite?	你喜欢什么水果？
→ 사과를 좋아해요.	I like apple.	我喜欢苹果。
(2) 어떤 색깔을 드릴까요?	Which color do you want?	你想要什么颜色？
→ 하얀색을 주세요.	White please.	我想要白色。

3. 어느 + 명사

둘 이상의 것 가운데 대상이 무엇인지 물을 때 사용한다.

'어느' is used in questions to ask somebody to be exact about one or more people or things from a limited number.

'어느' 是两个对象以上中选择其中一个。

(1) 도서관은 어느 쪽입니까?	Which way is the library?	图书馆在哪边？
→ 도서관은 왼쪽에 있어요.	The library is on the left.	图书馆在左边。
(2) 어느 도시에 살아요?	Which city do you live in?	你住在哪个城市？
→ 대구에 살아요.	I live in Daegu.	我住在大邱。

TOPIK I

공식 8 방법을 묻는 표현(어떻게)

🎧 2-13.mp3

다음을 듣고 물음에 맞는 대답을 고르십시오.

남자 : 서울역에 어떻게 가요?
여자 : _____

① 서울역에 있어요.　　　　　② 누나가 와요.
③ 지하철을 타세요.　　　　　④ 월요일에 가요.

공식

질문	명사(조사) Noun(particle) 名词(助词)	어떻게 how 如何	동사? verb? 动词?
대답	명사(조사) Noun(particle) 名词(助词)	동사. verb. 动词。	

명사와 동사를 연결하기
지하철 + 타다
⇨ 지하철을 타세요.

정답

지하철을 타세요.
Take the subway.
请坐地铁。

답 ③

어휘

서울역　가다　누나　오다　지하철　타다　월요일

유형 2

공식 적용하기

다음을 듣고 물음에 맞는 대답을 고르십시오.

남자 : 서울역에 어떻게 가요? How do I get to the Seoul station? 我如何去首尔站?

질문 : 명사(조사)　어떻게　동사?
　　　 Noun(particle)　how　verb?
　　　 名词(助词)　如何　动词?

여자 : _____

대답 : 명사(조사)　동사.
　　　 Noun(particle)　verb.
　　　 名词(助词)　动词。

① 서울역에 있어요.
② 누나가 와요.
③ 지하철을 타세요.
④ 월요일에 가요.

TIP

이 유형은 '어떻게'에 대한 대답을 찾는 문제입니다. 정답은 수단이나 구체적 방법입니다. 수단이나 구체적 방법은 선택지에 등장한 '명사'와 '동사'를 연결해 보세요.

This type of question is to find the answer for 'how'. The answer is specific means or methods. Please find the specific means or methods, and connect them to noun and verb from the given option.

这是找出答案 '如何' 的题型。正确答案是某种手段或具体方法。试连接选项中出现的名词和动词，从而找出该手段或具体方法。

연습문제 01

다음을 듣고 물음에 맞는 대답을 고르십시오.

① 두 시에 만나요. ② 수업이 있어요.
③ 인터넷으로 신청해요. ④ 입학을 해요.

공식

질문	명사(조사) 어떻게 동사?
대답	명사(조사) 동사.

정답

인터넷으로 신청해요.

답 ③

어휘

수업 신청하다 만나다 인터넷 입학하다

듣기지문

여자 : 수업을 어떻게 신청해요?
남자 : _____

| 연습문제 02 | 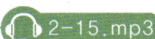 2-15.mp3 |

다음을 듣고 물음에 맞는 대답을 고르십시오.

① 극장에서 만나요.　　　　② 우체국에서 보내요.
③ 두 시에 받아요.　　　　　④ 직원이 받아요.

공식

질문	명사(조사) 어떻게 동사?
대답	명사(조사) 동사.

정답

우체국에서 보내요.

답 ②

어휘

택배　　보내다　　극장　　만나다　　우체국　　받다　　직원

듣기지문

남자 : 택배를 어떻게 보내요?
여자 : _____

TOPIK I

공식 9   이유 또는 원인을 묻는 표현(왜)

🎧 2-16.mp3

다음을 듣고 물음에 맞는 대답을 고르십시오.

> 남자 : 왜 병원에 가요?
> 여자 : _____

① 공원 근처에 있어요.　　　　② 오빠와 병원에 가요.
③ 배가 너무 아파요.　　　　　④ 두 시에 가요.

공식

질문	왜	명사(조사)	동사/형용사?
	Why	noun(particle)	verb/adjective?
	为什么	名词(助词)	动词/形容词?
대답	명사(조사)	부사	동사/형용사.
	Noun(particle)	adverb	verb/adjective.
	名词(助词)	副词	动词/形容词。

정답

배가 너무 아파요.
My Stomach is really painful.
我的肚子好痛。

답 ③

어휘

병원　　가다　　공원　　근처　　오빠　　배　　너무　　아프다

공식 적용하기

다음을 듣고 물음에 맞는 대답을 고르십시오.

남자 : 왜 병원에 가요? Why do you go to the hospital? 你为什么去医院?

> 질문 : 왜 명사(조사) 동사/형용사?
> Why noun(particle) verb/adjective?
> 为什么 名词(助词) 动词/形容词?

여자 : _____

> 대답 : 명사(조사) 부사 동사/형용사.
> Noun(particle) adverb verb/adjective.
> 名词(助词) 副词 动词/形容词。

① 공원 근처에 있어요.
② 오빠와 병원에 가요.
③ 배가 너무 아파요.
④ 두 시에 가요.

TIP

이 유형은 '왜'에 대한 대답을 찾는 문제입니다. 정답은 '이유'를 설명한 문장입니다.

This type of question is to find the answer for 'why'. The answer is a statement explaining the reason.

这是找出答案'为什么'的题型。正确答案是说明原因的句子。

TOPIK I

연습문제 01

다음을 듣고 물음에 맞는 대답을 고르십시오.

① 김치는 너무 맛있어요. ② 시장에서 샀어요.
③ 오늘 만들었어요. ④ 내가 샀어요.

공식

질문	왜 명사(조사) 동사/형용사?
대답	명사(조사) 부사 동사/형용사.

정답

김치는 너무 맛있어요.

답 ①

어휘

김치   좋다   맛있다   시장   사다   오늘   만들다

듣기지문

여자 : 왜 김치가 좋아요?
남자 : _____

| 연습문제 02 |  |

다음을 듣고 물음에 맞는 대답을 고르십시오.

① 늦잠을 잤어요.　　　　　　② 저녁에 늦어요.
③ 노래방에 가요.　　　　　　④ 선생님과 만나요.

공식

질문	왜 명사(조사) 동사?
대답	명사(조사) 동사.

정답

늦잠을 잤어요.

답 ①

어휘

수업　　늦다　　늦잠　　자다　　저녁　　노래방　　선생님

듣기지문

여자 : 왜 수업에 늦었어요?
남자 : _____

TOPIK I

공식 10 수량 또는 정도를 묻는 표현(얼마나 / 얼마예요)

🎧 2-19.mp3

다음을 듣고 물음에 맞는 대답을 고르십시오.

남자 : 여기에서 시청까지 얼마나 걸려요?
여자 : _____

① 시청이 있어요.　　　　　　② 시청 옆에 있어요.
③ 한 시간 걸려요.　　　　　　④ 오천 원이에요.

공식

질문	명사(조사)	얼마나	동사?
	Noun(particle)	how long/much/many	verb?
	名词(助词)	多少	动词?
대답	숫자	명사	동사.
	Number	noun	verb.
	数量	名词	动词。

정답

한 시간 걸려요.

It takes an hour.

需要一个小时。

답 ③

어휘

| 여기 | 에서 | 시청 | 까지 | 걸리다 | 있다 | 옆 |

84

유형 2

공식 적용하기

다음을 듣고 물음에 맞는 대답을 고르십시오.

> 남자 : 여기에서 시청까지 얼마나 걸려요?
> How long does it take from here to city hall?
> 从这里到市厅需要多长时间?
>
> 질문 : 명사(조사)   얼마나   동사?
>   Noun(particle)   how long/much/many   verb?
>   名词(助词)   多少   动词?
>
> 여자 : _____
>
> 대답 : 숫자   명사   동사.
>   Number   noun   verb.
>   数字   名词   动词。

① 시청이 있어요.
② 시청 옆에 있어요.
③ **한 시간** 걸려요.
④ 오천 원이에요.

TIP

이 유형은 '수량 또는 정도'에 대한 대답을 찾는 문제입니다. 정답은 숫자가 포함된 문장 또는 수량이나 정도를 막연하게 표현한 문장입니다.

This type question is to find the answer for the 'quantity or degree'. The correct answer is expressed vaguely sentence or a sentence containing a numeric quantity or degree.

这是找出答案'数量或程度'的题型。正确答案是包含数字的句子，或隐约表示数量、程度等的句子。

TOPIK I

연습문제 01

다음을 듣고 물음에 맞는 대답을 고르십시오.

① 공장에 있어요.
② 내일 만들어요.
③ 친구에게 선물해요.
④ 만 원이에요.

공식

질문	명사(조사) 얼마예요?
대답	숫자 명사이에요.

정답

만 원이에요.

답 ④

어휘

우산   공장   있다   내일   만들다   친구   선물하다

듣기지문

여자 : 우산이 얼마예요?
남자 : _____

| 연습문제 02 |  2-21.mp3 |

다음을 듣고 물음에 맞는 대답을 고르십시오.

① 십만 원이 필요해요.   ② 오늘 필요해요.
③ 현금을 받아요.   ④ 은행원이 받아요.

공식

질문	명사(조사) 얼마나 동사?
대답	숫자 명사(조사) 동사.

정답

십만 원이 필요해요.

답 ①

어휘

현금   얼마나   필요하다   오늘   받다   은행원

듣기지문

남자 : 현금이 얼마나 필요해요?
여자 : _____

TOPIK I

공식 11 생각 또는 느낌을 묻는 표현(어때 / 어때요)

🎧 2-22.mp3

다음을 듣고 물음에 맞는 대답을 고르십시오.

> 남자 : 학교생활은 어때요?
> 여자 : _____

① 선생님을 만나요.　　　　　② 수업이 재미있어요.
③ 만나서 기뻐요.　　　　　　④ 도서관에서 공부해요.

공식

질문	명사(조사) Noun(particle) 名词(助词)	어때요? how is it? 怎么样?	
대답	명사(조사) Noun(particle) 名词(助词)	부사 adverb 副词	동사/형용사. verb/adjective. 动词/形容词。

정답

수업이 재미있어요.
The class is fun.
上课很有趣。

답 ②

어휘

학교생활　　수업　　재미있다　　만나다　　기쁘다　　도서관　　공부하다

유형 2

공식 적용하기

다음을 듣고 물음에 맞는 대답을 고르십시오.

남자 : 학교생활은 어때요? How's your school life? 学校生活怎么样?

질문 : 명사(조사)   어때요?
       Noun(particle)   how is it?
       名词(助词)   怎么样?

여자 : _____

대답 : 명사(조사)   부사   동사/형용사.
       Noun(particle)   adverb   verb/adjective.
       名词(助词)   副词   动词/形容词。

① 선생님을 만나요.
② 수업이 재미있어요.
③ 만나서 기뻐요.
④ 도서관에서 공부해요.

> 명사와 어울리는 동사 또는 형용사를 연결하기
> 수업(명사) + 재미있다(형용사) ⇨ 수업이 재미있어요.

TIP

이 유형은 '어때(요)'에 대한 대답을 찾는 문제입니다.
명사에 대한 생각이나 느낌을 묻는 문제이므로 명사와 어울리는 형용사 또는 동사가 정답입니다.

This type of question is to find the answer for 'How's~/How about~'. Since questions ask for thought and feeling of the noun, the answer is a verb or an adjective related to the noun.

这是找出答案'怎么样'的题型。对于名词的思想或感情作提问，故与该名词搭配的动词或形容词便是答案。

TOPIK I

연습문제 01

다음을 듣고 물음에 맞는 대답을 고르십시오.

① 우산이 있어요. ② 비가 많이 내려요.
③ 기분이 좋아요. ④ 우산이 좋아요.

공식

질문	명사(조사) 어때요?
대답	명사(조사) 부사 동사/형용사.

정답

비가 많이 내려요.

답 ②

어휘

날씨   우산   있다   비   많이   내리다   기분   좋다

듣기지문

여자 : 날씨가 어때요?
남자 : _____

연습문제 02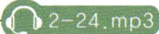

다음을 듣고 물음에 맞는 대답을 고르십시오.

① 식탁에 있어요.　　　　　　　② 아내가 만들었어요.
③ 불고기가 아주 맛있어요.　　　④ 아주 맛있을 거에요.

공식

질문	명사(조사) 어때요?
대답	명사(조사) 부사 동사/형용사.

정답

불고기가 아주 맛있어요.

 ③

어휘

불고기　　식탁　　아내　　아주　　만들다　　맛있다

듣기지문

남자 : 불고기가 어때요?
여자 : _____

부록

부사 표현

1. 시간 Time 时间 – 언제 When 何时

계속	continuously	继续		빨리	quickly	快
곧	soon	马上		아직	yet	还
금방	shortly	刚才		오래	long time	好久
막	just	马上		우선	in the first	首先
먼저	ahead	首先		이따가	later	等一会
미리	in advance	预先		일찍	early	提前
벌써	already	已经		천천히	slowly	慢慢地

2. 장소 Place 地点 / 방향 Direction 方向 – 어디 Where 哪里

멀리	far away	远远地

3. 방법 Way 方法 / 정도 Degree 程度 – 어떻게 How 怎么样

가끔	sometimes	时而		무척	very	特别
가장	most	最		아주		非常
거의	almost	差不多		약간	a few, a bit	有点
너무	too	太		완전히	completely	完全地
다	all	全部		자주	often	时常
대부분	mostly	大部分		주로	mainly	主要
많이	many/much	多		특히	especially	特别
모두	all	全都		항상	always	常常

4. 상태 Status 状况 – 어떻게 How 怎么样

같이 = 함께	together	一起		잘	well	很好
매우	very	非常		조용히	quietly	安静地
바로	straight	就是				

5. 부정 Negative 否定

못				없이	without	没有
안	not	不		전혀	never	绝对
아니						

유형 **3**

PART.1 듣기 영역

상황에 맞는 대답 고르기

공식 12~16 참고

'**상황에 맞는 대답 고르기**' 유형은 구체적인 상황에서 자주 사용하는 표현을 찾는 문제입니다.

'Respond to situation' ask you to find expressions frequently used in specific situations.

'情景回应' 找出对特定情景经常出现的表达方式。

풀이비법 • TIPS • 解题技巧

1. 대화를 듣기 전에 선택지를 읽으세요.
   선택지를 보고 듣기 상황을 예측하세요.

2. 짧은 문장이므로 잘 들어야 합니다.
   대화에 사용된 표현을 메모하세요.

3. 네 개의 선택지에서 하나의 정답을 선택하세요.
   (1) 다양한 상황(인사, 부탁, 전화, 축하, 감사, 칭찬, 사과)에 해당하는 대답을 확인하세요.
   (2) '네' 또는 '아니요'로 대답할 수 있습니다.

---

1. Read the options carefully before you listen to the conversation.
   Please look at the options and predict the situation.

2. Listen carefully, as it's a short sentence.
   Please write down the expression used in the conversation.

3. Choose one correct answer out of four possible options.
   (1) Please check the answers that correspond to various situations including greetings, asking for favors, telephone, congratulation, gratitude, compliment, apology.
   (2) This type of question can answer of 'Yes' or 'No'.

---

1. 在聆听对话前请先仔细阅读选项。
   请细阅选项和推断听到的情况。

2. 请小心聆听短句子。
   请记录对话中使用的表达。

3. 在四个选择中选出一个正确的答案。
   (1) 请找出对应不同情景的答案，包括问候、拜托、电话、祝贺、感谢、称赞、道歉等。
   (2) 请先回应'是/否'，再作答题目。

TOPIK I

공식 12 — 인사하는 상황을 고르는 문제

🎧 3-01.mp3

다음을 듣고 물음에 맞는 대답을 고르십시오.

남자 : 그동안 잘 지냈어요?
여자 : _____

① 네, 잘 지냈어요.　　② 다음에 또 오세요.
③ 잘 먹겠습니다.　　④ 처음 뵙겠습니다.

공식

상황	안부를 묻는 인사 : 잘 지냈어요? [높임] / 잘 지냈어? [반말] Greeting : How have you been? 问候 : 你好吗?
대답	네, 잘 지냈어요. [높임] / 응, 잘 지냈어. [반말] Yes, I've been okay. 是，最近挺好的。

정답

네, 잘 지냈어요.
Yes, I've been okay.
是，最近挺好的。

답 ①

어휘

잘 지내다　　다음　　또　　오다　　먹다　　처음　　보다

94

유형 3

공식 적용하기

다음을 듣고 물음에 맞는 대답을 고르십시오.

남자 : 그동안 잘 지냈어요?

상황 : 안부를 묻는 인사
잘 지냈어요? [높임] / 잘 지냈어? [반말]
Greeting : How have you been?
问候 : 你好吗?

여자 : _____

대답 : 네, 잘 지냈어요. [높임] / 응, 잘 지냈어. [반말]
Yes, I've been okay.
是，最近挺好的。

① 네, 잘 지냈어요.
② 다음에 또 오세요.
③ 잘 먹겠습니다.
④ 처음 뵙겠습니다.

TIP

이 유형은 '인사'를 묻는 문제입니다. 98쪽에 있는 적절한 인사 표현을 참고하세요.

This type of question is asking 'greeting'. Please refer to the appropriate greeting on the page 98.

这是'问候'的题型。请参考相应的问候98页。

TOPIK I

연습문제 01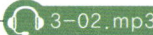

다음을 듣고 물음에 맞는 대답을 고르십시오.

① 안녕하세요.　　　　　　　② 네, 고맙습니다.
③ 먼저 갈게요.　　　　　　　④ 오랜만이에요.

공식

상황	여행을 가는 사람에게 하는 인사 → 잘 다녀오세요. / 잘 다녀와요.
대답	고맙습니다. / 고마워요.

정답

네, 고맙습니다.

답 ②

어휘

한국　　다녀오다　　가다　　고맙다　　먼저　　오랜만

듣기지문

여자 : 한국에 잘 다녀오세요.
남자 : _____

연습문제 02

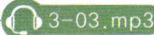

다음을 듣고 물음에 맞는 대답을 고르십시오.

① 안녕히 계세요. ② 다시 오겠습니다.
③ 네, 반갑습니다. ④ 어서 오세요.

공식

상황	처음 만날 때 하는 인사 → (만나서) 반갑습니다.
대답	(네,) 반갑습니다.

정답

네, 반갑습니다.

답 ③

어휘

만나다   반갑다   다시   오다   어서

듣기지문

남자 : 만나서 반갑습니다.
여자 : _____

부록

필수 인사 표현

1. 처음 만났을 때

처음 뵙겠습니다.	처음 뵙겠습니다.	안녕하세요.	(네,) 안녕하세요.
How do you do?	How do you do?	Hello.	Hello.
初次见面。	初次见面。	你好。	你好。

(만나서) 반갑습니다. (만나서) 반가워요.	(네,) 반갑습니다. / 반가워요. (네,) 반가워요.
Nice to meet you.	Nice to meet you.
很高兴见到你。	很高兴见到你。

2. 누군가를 처음 만나서 부탁할 때

잘 부탁합니다.	Thank you in advance.	请多多关照。

3. 오랜만에 만났을 때

오랜만이에요. 오랜만입니다.	(네,) 오랜만이에요. (네,) 오랜만입니다.
Long time no see.	Long time no see.
好久不见了。	好久不见了。

4. 안부를 물을 때

잘 지냈어요?	(네,) 잘 지냈어요. / 요즘 바빴어요.
How are you?	I'm fine, thank you. / I've been busy lately.
你好吗?	我很好。 / 我最近很忙。

5. 식사를 할 때

맛있게 드세요. 맛있게 드십시오.	잘 먹겠습니다. 잘 먹겠습니다.
Enjoy your meal.	Thank you for the meal.
请慢用。	开动了。

6. 여행을 갈 때

저 여행 가요.	잘 다녀오세요. / 잘 다녀오십시오.	잘 다녀오세요. / 잘 다녀오십시오.	고마워요. / 고맙습니다.
I'm going to travel.	Have a good trip!	Have a good trip!	Thank you.
我去旅行。	一路顺风!	一路顺风!	谢谢。

7. 헤어질 때

안녕히 가세요.	안녕히 계세요.
안녕히 가십시오.	안녕히 계십시오.
안녕히 계세요.	안녕히 가세요.
안녕히 계십시오.	안녕히 가십시오.
Good-bye.	Good-bye.
再见。	再见。

저 먼저 갈게요.	네, 잘 가요.
I go first.	Good-bye.
我先走。	再见。

8. 가게에서 대화할 때

(1) 직원

어서 오세요.	Welcome.	欢迎光临。
안녕히 가세요.	Good-bye.	再见。
다음에 또 오세요.	Please come again.	下次再来。

(2) 손님

(다음에) 다시 올게요.	I'll come again.	(下次)我会再来的。
(다음에) 다시 오겠습니다.		

9. 저녁 인사를 할 때

안녕히 주무세요.	안녕히 주무세요. / 잘 자요.
Good night.	Good night.
晚安。	晚安。

10. 기타 인사

오늘 도와줘서 고마웠어요.	아니에요.
Thanks for helping me today.	You're welcome.
谢谢你今天帮助我。	别客气。

여기 앉으세요.	고맙습니다. / 감사합니다.
Please sit here.	Thank you.
请坐这里。	谢谢。

공식 13 요청 또는 부탁의 상황을 고르는 문제

다음을 듣고 물음에 맞는 대답을 고르십시오.

남자 : 실례합니다. 김민수 씨 있어요? 잠깐 만나러 왔는데요.
여자 : _____

① 네, 알겠습니다.
② 아니요, 다음에 다시 오겠습니다.
③ 아니요, 괜찮아요.
④ 네, 들어오세요.

공식

상황	사람을 찾는 표현 : ○○ 씨 있어요? Mr/Mrs ○○ in here? ○○在吗? 정중한 부탁 : ~(아/어/여) 주세요. It is used to ask someone to do something in a more polite way. 郑重的拜托。

대답	1. 네, 들어오세요. / 잠시만 기다려 주세요.
	   Yes, please come in. / Please wait a moment.
	   是，请进。/ 请稍等一下。
	 2. 지금 없는데요. / 지금 안 계시는데요.
	   He is not here now.
	   他现在不在。

정답

네, 들어오세요. Yes, please come in. 是，请进。

답 ④

어휘

실례하다 잠깐 만나다 오다 알다 다음 다시 괜찮다 들어오다

유형 3

공식 적용하기

다음을 듣고 물음에 맞는 대답을 고르십시오.

> 남자 : 실례합니다. 김민수 씨 있어요? 잠깐 만나러 왔는데요.
> Excuse me. Is Minsu Kim here? I'm here to see him just a moment.
> 不好意思。请问金民秀先生在吗？我来见见他。
>
> 상황 : 사람을 찾는 표현 : OO 씨 있어요?
> Mr/Mrs OO in here?
> OO在吗?
>
> 정중한 부탁 : ~(아/어/여) 주세요.
> It is used to ask someone to do something in a more polite way.
> 郑重的拜托。
>
> 여자 : _____
>
> 대답 : 1. 네, 들어오세요. / 잠시만 기다려 주세요.
> Yes, please come in. / Please wait a moment.
> 是，请进。/ 请稍等一下。
>
> 2. 지금 없는데요. / 지금 안 계시는데요.
> He is not here now.
> 他现在不在。

① 네, 알겠습니다.
② 아니요, 다음에 다시 오겠습니다.
③ 아니요, 괜찮아요.
④ 네, 들어오세요.

TIP

이 유형은 주로 사람, 물건, 장소를 찾는 표현이 자주 시험에 나옵니다.
사람을 찾을 때는 전화로 묻는지 방문해서 묻는지 구별하세요. 104쪽을 참고하세요.

Expressions to find someone, things and places occur often in this type of question.
In the case of finding someone, figure out it's by phone or by visiting. Please refer to page 104.

这题型时常出现于寻找的表达，主要是人物．事物和场所。
找人的时候，请区分是用电话查询还是访问查找。请参考104页。

TOPIK I

연습문제 01

다음을 듣고 물음에 맞는 대답을 고르십시오.

① 네, 다시 걸겠습니다.　　　② 네, 전데요.
③ 지금 안 계시는데요.　　　④ 네, 알겠습니다.

공식

상황	요청 : ~(아/어/여) 주세요. 말씀 좀 전해 주세요.
대답	요청을 수락할 때 : 네, 알겠습니다.

정답

네, 알겠습니다.

답 ④

어휘

말씀　　전하다　　다시　　걸다　　지금　　계시다　　알다

듣기지문

여자 : (전화 목소리) 민수 씨에게 말씀 좀 전해 주세요.
남자 : _____

연습문제 02

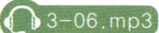

다음을 듣고 물음에 맞는 대답을 고르십시오.

① 무슨 일이세요?
② 네, 저예요.
③ 네, 잠시만 기다려 주세요.
④ 부탁이 있는데요.

공식

상황	요청 : ~(아/어/여) 주세요.
	하나 더 주세요.
대답	요청을 수락할 때 : 네, 잠시만 기다려 주세요.

정답

네, 잠시만 기다려 주세요.

 ③

어휘

저기   냉면   주다   무슨   일   잠시   기다리다   부탁

듣기지문

남자 : (식당에서) 저기요, 냉면 하나 더 주세요.
여자 : _____

부록

사람을 찾는 표현, 요청 또는 부탁하는 표현

1. (전화 통화 중) 사람을 찾는 표현

ㅇㅇ 씨 있어요?	Is Mr/Mrs ㅇㅇ there?	ㅇㅇ在吗?
ㅇㅇ 씨 계세요?		
ㅇㅇ 씨입니까?		

(1) 찾는 사람이 전화를 받은 사람인 경우

→ 네, 전데요.	Speaking.	是，我是。
→ 네, 저예요.		

(2) 찾는 사람이 다른 사람인 경우

→ 네, 잠시만 기다리세요.	Hold on a minute.	请稍等。
→ 네, 알겠습니다.	Yes, I got it.	是，我知道了。
→ 네, 부탁합니다.	Yes, please.	是，拜托了。

(3) 찾는 사람이 없는 경우

→ 지금 없는데요.	She/He is not here at the moment.	她/他现在不在。
→ 지금 안 계시는데요.		
→ 지금 안 계세요.		
ㅇㅇ 씨 지금 안 계시는데요.	Mr/Mrs ㅇㅇ is not here at this moment.	先生/女士ㅇㅇ现在不在。
→ 네, 다음에 다시 걸겠습니다.	Ok, I'll call back later.	好吧，我会再打给你。
→ 네, 다시 연락드리겠습니다.		
→ 네, 말씀 좀 전해주시겠습니까?	Ok, could I leave him a message?	您可以帮我留个口信给他吗?
말씀 좀 전해주시겠습니까?	Could I leave him a message?	您可以帮我留个口信给他吗?
→ 네, 알겠습니다.	Ok, I got it.	好，我知道了。

2. 전화를 건 사람을 확인할 때

실례지만 누구세요?	Excuse me, who is calling please?	请问，你是哪位?
실례지만 누구십니까?		

3. 전화한 이유를 물어볼 때

무슨 일이세요?	What are you calling about?	请问有什么事?
무슨 일로 찾으세요?		

4. 전화가 잘못 걸렸을 때

전화가 잘못 걸렸습니다.	You've got the wrong number.	你打错了。
→ 죄송합니다.	I'm sorry.	对不起。

5. (방문해서) 사람을 찾는 표현

OO 씨 있어요? OO 씨 계세요?	Is OO here?	OO在吗?
→ 네, 들어오세요.	Yes, come in.	是，请进。
→ 네, 잠시만 기다려 주세요.	Yes, please wait a moment.	是，请稍等一下。
→ 지금 없는데요. → 지금 안 계시는데요. → 지금 안 계세요.	She/He is not here at the moment.	她/他现在不在。
지금 자리에 안 계시는데요.	He is not here at the moment.	他现在不在。
→ 네, 다음에 다시 오겠습니다.	Ok, I'll come back later.	我一会再来。
→ 말씀 좀 전해 주시겠습니까?	Could you take a message, please?	可以请您帮我留个口信给他吗?
말씀 좀 전해 주시겠습니까?	Could you take a message, please?	可以请您帮我留个口信给他吗?
→ 네, 알겠습니다.	Ok, I got it.	好，我知道了。

6. 부탁하는 표현

(1) ~(아/어/여) 주세요. : 누군가에게 공손하게 어떤 것을 요구할 때 사용합니다.
It is used to ask someone to do something in a more polite way.
它是用在问某人或做某事的敬语表达。

→ 네, 알겠습니다.	Ok, I got it.	好，我知道了。
→ 네, 잠시만 기다려 주세요.	Yes, please wait a moment.	是，请稍等一下。
잠시만 기다려 주세요.	Please wait a moment.	请稍等一下。
→ 네, 알겠습니다.	Ok, I got it.	好，我知道了。
→ 네, 감사합니다. → 네, 고맙습니다.	Ok, thank you very much.	好，谢谢。

(2) 기타

부탁이 있는데요. 부탁 좀 할게요.	I have a favor to ask you.	我想请您帮我个忙。
부탁 좀 들어주시겠어요?	Would you do me a favor?	您可以帮我一个忙吗?
→ 네, 말씀하세요.	Sure, go ahead.	好，请您说。

TOPIK I

공식 14 전화로 장소를 확인하는 상황을 고르는 문제

다음을 듣고 물음에 맞는 대답을 고르십시오.

남자 : 거기 한국은행이지요?
여자 : _____

① 네, 한국은행이 없습니다.　　② 아니요, 한국은행에 갑니다.
③ 아니요, 한국은행에 있습니다.　④ 네, 한국은행입니다.

공식

질문	장소를 확인하는 표현 : '장소명사'이지요(입니까/인가요/이에요)? Is this 'Noun related to place'? '场所的名词'在吗?
대답	긍정 ▶ 네, '장소명사'입니다. / 네, 그렇습니다. Positive ▶ Yes, this is 'Noun related to place'. / Yes, it is. 肯定 ▶ 是, 这是 '场所的名词'。 / 是, 肯定表达句式。 부정 ▶ 아니요, '장소명사'(이/가) 아닙니다. / 아니요, 전화가 잘못 걸렸습니다. Negative ▶ No, it isn't. / No, you've got the wrong number. 否定 ▶ 不是, 这不是 '场所的名词'。 / 不是, 你打错了。

정답

네, 한국은행입니다.
Yes, this is the Bank of Korea.
是, 这是韩国银行。

답 ④

어휘

거기　　한국은행　　없다　　가다　　있다

유형 3

공식 적용하기

다음을 듣고 물음에 맞는 대답을 고르십시오.

> 남자 : 거기 한국은행이지요? Is this the Bank of Korea? 这是韩国银行吗?
>
> > 질문 : '장소명사'이지요(입니까/인가요/이에요)?
> > Is this 'Noun related to place'?
> > '场所的名词'在吗?
>
> 여자 : _____
>
> > 대답 : 긍정 ▶ 네, 한국은행입니다.
> > Yes, this is the Bank of Korea.
> > 是，这是韩国银行。
> >
> > 부정 ▶ 아니요, 한국은행이 아닙니다.
> > No, it is not.
> > 不是，这不是韩国银行。

① 네, 한국은행이 없습니다.
② 아니요, 한국은행에 갑니다.
③ 아니요, 한국은행에 있습니다.
④ 네, 한국은행입니다.

TIP

이 유형은 전화로 장소를 확인하는 문제입니다. 대답은 긍정 또는 부정 표현이나 통화 중에 사용하는 일상적인 표현으로 합니다. 104쪽을 참고하세요.

This type of question is to find the place by phone. The answer is expressed as positive or negative or routinely used in the phone. Please refer to page 104.

这是经电话找场所的题型。答案是正面或负面，或电话里日常使用的表达。请参考104页。

TOPIK I

연습문제 01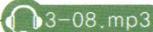

다음을 듣고 물음에 맞는 대답을 고르십시오.

① 여기 있어요.
② 다음에 만나요.
③ 네, 알겠습니다.
④ 아니요, 전화가 잘못 걸렸습니다.

공식

질문	'장소명사'이지요(입니까/인가요/이에요)?
대답	긍정 ▶ 네, '장소명사'입니다. 　　　네, 그렇습니다. 부정 ▶ 아니요, '장소명사'(이/가) 아닙니다/아니에요. 　　　아니요, 전화가 잘못 걸렸습니다.

정답

아니요, 전화가 잘못 걸렸습니다.

답 ④

어휘

집　여기　다음　만나다　전화　잘못　걸리다

듣기지문

여자 : 거기 민수 씨 집인가요?
남자 : _____

연습문제 02

다음을 듣고 물음에 맞는 대답을 고르십시오.

① 네, 서울 호텔에 있어요. ② 아니요, 서울 호텔에 왔어요.
③ 네, 서울 호텔입니다. ④ 아니요, 서울 호텔에 갑니다.

공식

질문	'장소명사'이지요(입니까/인가요/이에요)?
대답	긍정 ▶ 네, 그렇습니다. 부정 ▶ 아니요, '장소명사'(이/가) 아닙니다/아니에요. 　　　　아니요, 전화가 잘못 걸렸습니다.

정답

네, 서울 호텔입니다.

답 ③

어휘

서울　　호텔　　오다　　가다

듣기지문

남자 : 여보세요, 서울 호텔입니까?
여자 : _____

TOPIK I

> **공식 15** 칭찬 또는 축하와 감사의 상황을 고르는 문제

🎧 3-10.mp3

다음을 듣고 물음에 맞는 대답을 고르십시오.

남자 : 생일 축하합니다.
여자 : _____

① 실례합니다.　　　　　② 덕분입니다.
③ 잘했습니다.　　　　　④ 고맙습니다.

공식

1. 상황	생일, 입학, 졸업 등 Birthday, admission, graduation etc. 生日、入学、毕业等。
2. 표현	축하해. / 축하합니다. / 축하드립니다. Congratulations! 恭喜!
3. 대답	고마워. / 고맙습니다. / 감사합니다. Thank you. 谢谢。

정답

고맙습니다.
Thank you.
谢谢。

답 ④

어휘

생일　　축하하다　　실례하다　　덕분　　잘하다　　고맙다

110

공식 적용하기

다음을 듣고 물음에 맞는 대답을 고르십시오.

남자 : 생일 축하합니다.

1. 상황 : 생일, 입학, 졸업 등
   Birthday, admission, graduation etc.
   生日、入学、毕业等。

2. 표현 : 축하해. / 축하합니다. / 축하드립니다.
   Congratulations!
   恭喜!

여자 : _____

3. 대답 : 고마워. / 고맙습니다. / 감사합니다.
   Thank you.
   谢谢。

① 실례합니다.
② 덕분입니다.
③ 잘했습니다.
④ 고맙습니다.

TOPIK I

연습문제 01

다음을 듣고 물음에 맞는 대답을 고르십시오.

① 천만에요. ② 오랜만입니다.
③ 축하합니다. ④ 환영합니다.

공식

1. 상황	생일, 입학, 졸업 등
2. 표현	축하해. / 축하합니다. / 축하드립니다.
3. 대답	고마워. / 고맙습니다. / 감사합니다.

정답

축하합니다.

답 ③

어휘

오늘   생일   오랜만   축하하다   환영하다

듣기지문

여자 : 오늘은 제 생일이에요.
남자 : _____

연습문제 02

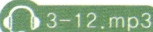

다음을 듣고 물음에 맞는 대답을 고르십시오.

① 괜찮습니다.　　　　　　　② 그렇습니다.
③ 맞습니다.　　　　　　　　④ 감사합니다.

공식

1. 상황	생일, 입학, 졸업 등
2. 표현	축하해. / 축하합니다. / 축하드립니다.
3. 대답	고마워. / 고맙습니다. / 감사합니다.

정답

감사합니다.

답 ④

어휘

합격　　축하하다　　괜찮다　　그렇다　　맞다　　감사하다

듣기지문

남자 : 합격을 축하합니다.
여자 : _____

TOPIK I

공식 16   미안 또는 사과의 상황을 고르는 문제

🎧 3-13.mp3

다음을 듣고 물음에 맞는 대답을 고르십시오.

> 남자 : 정말 죄송합니다.
> 여자 : _____

① 괜찮아요.　　　　　　② 죄송해요.
③ 고마워요.　　　　　　④ 미안합니다.

공식

1. 상황	미안 또는 사과　Sorry or apologize　抱歉和道歉
2. 표현	미안해. / 미안해요. / 미안합니다. 죄송해요. / 죄송합니다. / 사과드려요. / 사과드립니다. I'm sorry. 对不起。
3. 대답	괜찮아요. / 괜찮습니다. It's okay. 没关系。

정답

괜찮아요.
It's okay.
没关系。

답 ①

어휘

죄송하다　　괜찮다　　고맙다　　미안하다

유형 3

공식 적용하기

다음을 듣고 물음에 맞는 대답을 고르십시오.

남자 : 정말 죄송합니다.

상황 : 미안해. / 미안해요. / 미안합니다.
I'm so sorry.
我十分抱歉。
죄송해요. / 죄송합니다. / 사과드려요. / 사과드립니다.
I'm sorry.
对不起.

여자 : _____

대답 : 괜찮아요. / 괜찮습니다.
It's okay.
没问题。

① 괜찮아요.
② 죄송해요.
③ 고마워요.
④ 미안합니다.

TIP

이 유형은 미안함을 표현하거나 사과를 해야 하는 상황에 대한 일상적인 대답을 묻는 문제입니다. 자주 사용하는 표현을 암기하세요. 118쪽을 참고하세요.

This type of question is usually asking question in sorry or apologize.
You need to memorize frequently used expressions. Please refer to page 118.

这是日常情景中抱歉和道歉的对答的题型。
请记住经常使用的表达。请参考118页。

TOPIK I

연습문제 01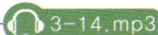

다음을 듣고 물음에 맞는 대답을 고르십시오.

① 미안해요. ② 사과드려요.
③ 괜찮아요. ④ 죄송해요.

공식

1. 상황	미안 또는 사과
2. 표현	미안해. / 미안해요. / 미안합니다. 죄송해요. / 죄송합니다. / 사과드려요. / 사과드립니다.
3. 대답	괜찮아요. / 괜찮습니다.

정답

괜찮아요.

답 ③

어휘

기다리다   죄송하다   미안하다   사과하다   괜찮다

듣기지문

여자 : 기다리게 해서 죄송합니다.
남자 : _____

유형 3

연습문제 02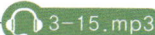

다음을 듣고 물음에 맞는 대답을 고르십시오.

① 사과드립니다. ② 괜찮습니다.
③ 죄송합니다. ④ 미안합니다.

공식

1. 상황	미안 또는 사과
2. 표현	미안해. / 미안해요. / 미안합니다. 죄송해요. / 죄송합니다. / 사과드려요. / 사과드립니다.
3. 대답	괜찮아요. / 괜찮습니다.

정답

괜찮습니다.

 ②

어휘

실수하다　　사과하다　　괜찮다　　죄송하다　　미안하다

듣기지문

남자 : 제가 실수를 했습니다.
여자 : _____

부록

사과 표현과 대답

1. 사과를 할 때

미안해요. 미안합니다.	I'm sorry.	对不起。
정말 미안합니다.	I'm really sorry.	我非常对不起。
죄송해요. 죄송합니다.	I'm sorry.	我很抱歉。
정말 죄송합니다. 대단히 죄송합니다.	I'm terribly sorry.	我非常抱歉。
사과드려요. 사과드립니다.	I apologize to you.	我很抱歉。
제가 실수를 했습니다.	I made a mistake.	我犯了一个错误。
제가 이해를 잘못했습니다.	I misunderstood.	我理解错了。

2. 사과를 받아줄 때

괜찮아요. 괜찮습니다.	That's all right.	没关系。

유형	4	PART.1 듣기 영역
		장소 고르기

공식 17 참고

'**장소 고르기**' 유형입니다. 두 사람의 대화를 듣고 대화의 장소를 고르는 문제입니다.

This type of question is the 'Select the place'. After you listen to the conversation between two people, select the place where the conversation takes place.

这是'选择场所'的题型。聆听两个人的对话后，选择对话的场所。

풀이비법・TIPS・解題技巧

1. 대화를 듣기 전에 선택지를 모두 읽으세요.

2. 짧은 대화이므로 잘 들어야 합니다.
   (1) 특정한 장소와 관계있는 단어와 표현에 집중하세요.
   (2) 대화에서 사용된 장소와 관계있는 단어를 메모하세요.

3. 선택지에서 정답을 선택하세요.

---

1. Read the options carefully before you listen to the conversation.

2. Listen carefully, it's just a short conversation.
   (1) Pay attention to the words and expressions used in specific places.
   (2) Please write down the words used in the conversation are related to the place.

3. Choose one correct answer out of four possible options.

---

1. 在聆听对话前请先仔细阅读选项。

2. 请小心聆听短对话。
   (1) 特别要注意特定场所的词语和表达方式。
   (2) 请记下对话中涉及到场所的词语。

3. 在四个选择中选出一个正确的答案。

TOPIK I

공식 17 · 대화의 장소를 고르는 문제

🎧 4-01.mp3

여기는 어디입니까? 알맞은 것을 고르십시오.

> 남자 : 바지를 좀 줄여 주세요.
> 여자 : 언제 찾아가실 거예요?

① 옷 가게   ② 세탁소   ③ 미용실   ④ 신발 가게

공식

1. 단어들의 관계를 확인하세요.

   Please confirm the relationships between words. 请确认词语之间的关系。

말하는 사람	남자 또는 여자	남자 또는 여자
단어들의 관계	단어	단어
	⇨ 장소 place 场所	

2. 대화에서 두 사람이 서로 질문하고 대답하는 내용을 확인하세요.

   Understand what is being asked and answered between a man and a woman.
   请确认对话中两个人一问一答的内容。

말하는 사람	남자 또는 여자	남자 또는 여자
단어들의 관계	단어	단어
	⇨ 장소 place 场所	

정답

세탁소 laundry 洗衣店

답 ②

어휘

바지   줄이다   주다   언제   찾아가다

유형 4

공식 적용하기

다음을 듣고 물음에 맞는 대답을 고르십시오.

남자 : 바지를 좀 줄여 주세요. Can you shorten these pants for me? 请把裤子改短一点。
여자 : 언제 찾아가실 거예요? When do you want to take it back? 你打算什么时候来取?

남자	여자
바지	
줄여 주세요.	언제 찾아가실 거예요?
⇨ 장소 place 场所	

① 옷 가게
② 세탁소
③ 미용실
④ 신발 가게

TIP

두 사람의 대화에는 장소와 관계있는 단어들이 등장합니다. 장소는 이러한 단어들로 추측할 수 있고, 의문사에 대한 대답으로 추측할 수 있습니다. 장소와 관계있는 단어들은 124쪽을 참고하세요.

Words related to place will be used in the conversation. These related words are predictable, and also with question tags. Words related to place, please refer to page 124.

对话中将会出现有关场所的词语。这些词语和疑问词的提问可以推测出场所。场所有关的词语，请参考124页。

TOPIK I

연습문제 01 🎧 4-02.mp3

여기는 어디입니까? 알맞은 것을 고르십시오.

① 커피숍 ② 학교
③ 은행 ④ 미술관

공식

여자	남자
커피	녹차
마시고 싶어요.	마시겠어요.
⇨ 장소 place 场所	

정답

커피숍

답 ①

어휘

따뜻하다   커피   마시다   녹차

듣기지문

여자 : 따뜻한 커피를 마시고 싶어요.
남자 : 저는 녹차를 마시겠어요.

유형 4

연습문제 02 🎧 4-03.mp3

여기는 어디입니까? 알맞은 것을 고르십시오.

① 회사　　　　　　　② 극장
③ 공원　　　　　　　④ 꽃집

공식

남자	여자
회의	
어디에서 합니까?	4층 회의실에서 합니다.
⇨ 장소 place 场所	

정답

회사

답 ①

어휘

회의　　어디　　층　　회의실

듣기지문

남자 : 회의는 어디에서 합니까?
여자 : 4층 회의실에서 합니다.

부록

장소와 관계있는 단어

가게 shop 店	값 / 가격 price 价格		주문하다 order 订购	
공원 park 公园	의자 chair 椅子		앉다 sit 坐	
공항 airport 机场	비행기 airplane 飞机		출발하다 departure 起飞	
과일 가게 fruit store 水果店	사과 apple 苹果		배 pear 梨	
교실 classroom 教室	선생님 teacher 老师	질문을 하다 ask a question 提问	숙제 homework 作业	숙제를 하다 do one's homework 做作业
극장 theatre 剧院	연극 play 戏剧		(몇) 시 (what) time 几点	
꽃집 flower shop 花店	장미 rose 玫瑰		(한) 송이 a bunch (一)朵	
도서관 library 图书馆	책 book 书		빌리다 borrow 借	
매표소 ticket office 售票处	표 ticket 票		(한) 장 a ticket (一)张	

유형 4

문구점 stationary store 文具店	연필 pencil 铅笔		공책 notebook 笔记本
미술관 art museum 美术馆	그림 picture 图画		(몇) 층 (which) floor 几层
미용실 beauty salon 理发店	머리 hair 头发		자르다 cut 剪
박물관 museum 博物馆	옛날 in old times 以前		문화 culture 文化
병원 hospital 医院	배 stomach 肚子		안 좋다 not well 不舒服
빵집 bakery 面包店	케이크 cake 蛋糕		식빵 / 빵 bread 面包
사진관 photo shop 照相馆	여권 passport 护照		찍다 take 拍
서울역 Seoul staion 首尔站	기차 train 火车		표 ticket 票
서점 bookstore 书店	책 book 书	(한) 권 a book (一)本	사전 dictionary 辞典
세탁소 laundry 洗衣店	줄이다 cut 减少		찾아가다 find 去取

125

식당 restaurant 食堂	냉면 cold noodle 冷面	불고기 Bulgogi 烤肉	김밥 Gimbap 紫菜包饭	라면 instant noodles 方便面	주세요 give me 给
신발 가게 shoes store 鞋店	운동화 sneakers 运动鞋			찾다 find 找	
약국 pharmacy 药店	약 medicine 药			아프다 ache 痛	
여행사 travel agency 旅行社	표 ticket 票			사다 buy 买	
영화관 cinema 电影院	영화 movie 电影			(한) 장 a ticket (一) 张	
옷 가게 clothing store 衣服店	바지 pants 裤子			입다 wear 穿	
우체국 post office 邮局	편지 letter 信	소포 parcel 包裹		보내다 send 发	
운동장 playground 运动场	배드민턴 badminton 羽毛球			치다 play 打	
은행 bank 银行	돈 money 钱	바꾸다 change 兑换	통장 bankbook 存折	(통장을) 만들다 open a savings account 开户	
정거장 post office 车站	기차 train 火车	버스 bus 公共汽车	전철 / 지하철 subway 地铁	택시 taxi 出租车	

커피숍 coffee shop 咖啡厅		커피 coffee 咖啡		마시다 drink 喝
호텔 hotel 酒店		방 room 房间		주무시다 sleep 睡觉
회사 workplace 公司	회의 meeting 会议		사장님 boss 老板	(회의를) 시작하다 open the meeting 开会

유형 5 화제 고르기

PART.1 듣기 영역

공식 18 참고

'화제를 고르기' 유형입니다.
두 사람의 대화를 듣고 무엇에 대해 이야기하는지 고르는 것입니다.

This type of question is 'Select the topic'. After listening to the conversation between two people, select the topic of their conversation.

这是'选择话题'的题型。聆听两个人的对话后，选择对话的话题。

풀이비법 • TIPS • 解题技巧

1. 대화를 듣기 전에 선택지를 모두 읽으세요.
2. 화제와 관계있는 내용이 보통 앞부분에서 등장하므로 잘 들어야 합니다.
   (1) 화제와 관련된 단어와 의문사에 주의하세요.
   (2) 화제와 관계있는 단어를 메모하세요.
3. 선택지에서 정답을 선택하세요.

---

1. Read the options carefully before you listen to the conversation.
2. Listen carefully, as the content related to the topic is usually mentioned first.
   (1) Pay attention to the words and interrogatives related to the topic.
   (2) Please write down the words used in the conversation are related to the topic.
3. Choose one correct answer out of four possible options.

---

1. 在聆听对话前请先仔细阅读选项。
2. 小心聆听，有关话题的内容通常会在前面的部分中出现。
   (1) 请特别留意有关话题的词语及问辞。
   (2) 请记下在对话中有关话题的词语。
3. 在四个选择中选出一个正确的答案。

유형 5

| 공식 18 | 대화의 화제를 고르는 문제 |

🎧 5-01.mp3

다음은 무엇에 대해 말하고 있습니까? 알맞은 것을 고르십시오.

남자 : 서울에서 태어났어요?
여자 : 태어난 곳은 인천이지만 서울로 이사했어요.

① 학교　　　　② 고향　　　　③ 집　　　　④ 도시

공식

1. 단어들의 관계를 확인하세요.

   Please confirm the relationships between words.　请确认词汇之间的关系。

말하는 사람	남자 또는 여자	남자 또는 여자
단어들의 관계	단어	단어
	⇨ 화제 topic 话题	

2. 대화에서 두 사람이 서로 질문하고 대답하는 내용을 확인하세요.

   Understand what is being asked and answered between a man and a woman.
   请确认对话中两个人一问一答的内容。

말하는 사람	남자 또는 여자	남자 또는 여자
단어들의 관계	단어	단어
	⇨ 화제 topic 话题	

정답

고향 hometown 故乡

답 ②

어휘

서울　　태어나다　　이사하다

TOPIK I

공식 적용하기

다음은 무엇에 대해 말하고 있습니까? 알맞은 것을 고르십시오.

남자 : 서울에서 태어났어요? Are you born in Seoul? 你是在首尔出生的吗?
여자 : 태어난 곳은 인천이지만 서울로 이사했어요.
I was born in Incheon, but moved to Seoul. 我在仁川出生，但搬到首尔了。

남자	여자	
서울		
태어나다	태어나다	이사하다

⇨ 화제 topic 话题

① 학교　　　② 고향　　　③ 집　　　④ 도시

TIP

대화에서 화제와 관계있는 단어들은 한 번 이상 등장합니다. 이러한 단어들을 통하여 화제를 추측하고 질문에 답할 수 있습니다. 선택지에 등장하는 화제는 133쪽을 참고하세요.

Words related to the topic in the conversation will appear more than once. You can guess the topic through these words and response to the question. Please refer to page 133 for the topic that appeared in the option.

有关话题的词语会在对话中出现多于一次。你可由这些词语推断出话题，并回答问题。选项出现的话题请参考133页。

연습문제 01

다음은 무엇에 대해 말하고 있습니까? 알맞은 것을 고르십시오.

① 가격
② 선물
③ 소포
④ 약속

공식

여자	남자
무슨 선물	장갑
받고 싶어요?	받고 싶어요.

⇨ 화제 topic 话题

정답

선물

답 ②

어휘

무슨   선물   장갑   받다

듣기지문

여자 : 무슨 선물을 받고 싶어요?
남자 : 장갑을 받고 싶어요.

TOPIK I

연습문제 02 🎧 5-03.mp3

다음은 무엇에 대해 말하고 있습니까? 알맞은 것을 고르십시오.

① 기분
② 계획
③ 음식
④ 날씨

공식

남자	여자
불고기	냉면
좋아합니다.	좋아합니다.

⇨ 화제 topic 话题

정답

음식

답 ③

어휘

불고기   좋아하다   냉면

듣기지문

남자 : 저는 불고기를 좋아합니다.
여자 : 저는 냉면을 좋아합니다.

부록

화제와 관계있는 단어

가구	침대	옷장
furniture	bed	closet
家具	床	衣橱

가족	아버지	어머니	형제	자매	동생
family	father	mother	brothers	sisters	younger brother/ sister
家庭	爸爸	妈妈	兄弟	姐妹	弟弟/妹妹

값	비싸다	싸다
price	expensive	cheap
价格	贵	便宜

건강	몸	아프다
health	body	sick
健康	身体	痛

계절	여름	겨울
season	summer	winter
季节	夏天	冬天

계획	휴가	가다
plan	leave	go
计划	假期	去

고기	닭고기	생선
meat	chicken	fish
肉	鸡肉	魚

과일	수박	포도	사과	배
fruit	watermelon	grape	apple	pear
水果	西瓜	葡萄	苹果	梨

교통	버스	지하철
traffic	bus	subway
交通	公共汽车	地铁

기분	좋다	나쁘다
mood	good	bad
气氛	好	坏

나라 country 国家	한국 Korea 韩国	미국 America 美国	일본 Japan 日本	중국 China 中国	러시아 Russia 俄罗斯
	베트남 Vietnam 越南	프랑스 France 法国	영국 Britain 英国	독일 Germany 德国	인도 India 印度
나이 age 年龄	~보다 than 比			어리다 younger 年轻	
날씨 weather 天气	눈 snow 雪	비 rain 雨	(비) 오다 / (눈) 오다 rain / snow 下雨 / 下雪	바람 wind 风	(바람) 불다 wind blows 刮风
날짜 date 日期	월 month 月			일 day 日	
맛 flavor 味道	맵다 spicy 辣			짜다 salty 咸	
사진 photo 相片	찍다 take 拍			카메라 camera 相机	
생일 birthday 生日	태어나다 be born 出生			선물 gift 礼物	
소포 parcel 包裹	부치다 send 寄			우체국 post office 邮局	
시간 time 时间	회의 meeting 会议	약속 appointment 约定		아침 morning 上午	여덟 시 eight o'clock 八点
식당 restaurant 食堂	음식 food 食物			식사 meal 餐	

신발 shoes 鞋		구두 shoes 皮鞋	운동화 sneakers 运动鞋	(신발을) 신다 wear (shoes) 穿(鞋)	여덟 시 eight o'clock 八点
약속 appointment 约定		끝내다 finish 完成		만나다 meet 见面	
여행 travel 旅行		관광 tour 游览		여행사 travel agency 旅行社	
옷 clothes 衣服		바지 pants 裤子		치마 skirt 裙子	
운동 sports 运动		야구 baseball 棒球	수영 swimming 游泳	축구 soccer 足球	테니스 tennis 网球
위치 location 位置		마트 mart 市场	커피숍 coffee shop 咖啡厅	은행 bank 银行	
음식 food 食物		김밥 Gimbap 紫菜包饭		먹다 eat 吃	
이름 name 姓名		저는 ○○○입니다. I'm ○○○. 我叫○○○。			
장소 place 场所		기차역 train staion 火车站		뒤 behind 背后	
주말 weekend 周末		토요일 saturday 星期六		일요일 sunday 星期天	
주소 address 住址		어디 where 哪里		살다 live 住	

직업 occupation 职业	어떤 what kind of 什么样的		일 job 工作
집 house 家	아파트 apartment 公寓	층 floor 层	~에 살다 live in 住在
채소 vegetable 蔬菜	배추 white cabbage 大白菜		당근 carrot 胡萝卜
취미 hobby 兴趣	등산 climbing 爬山		요리 cooking 做菜
휴일 holiday 假期	쉬는 날 day off 休息日	한글날 Hangul Day 韩文日	집 house 家 / 쉬다 have a rest 休息

유형 6 그림 고르기

PART.1 듣기 영역

공식 19 참고

'적절한 그림을 고르기' 유형입니다.
두 사람의 대화를 듣고 내용을 가장 잘 표현한 그림을 고르는 것입니다.

This type of question is 'Select the appropriate picture'.
After listening the conversation between two people, select the picture that best describes the conversation.

这是'选择适当的图画'的题型。
聆听两个人的对话后，选择对话中描述最正确的图画。

풀이비법 · TIPS · 解題技巧

1. 대화를 듣기 전에 그림을 잘 보세요.
   (1) 그림을 보고 동작과 상황을 이해하세요.
   (2) 그림과 관계있는 단어나 표현을 생각하세요.

2. 대화에서 그림에 관한 힌트를 찾아보세요.
   (1) 동작과 상황을 설명하는 표현에 집중하세요.
   (2) 대화에서 사용된 그림과 관계있는 단어를 메모하세요.

3. 선택지에서 정답을 선택하세요.

---

1. Look at the picture carefully before you listen to the conversation.
   (1) Grasp the action and the situation of the picture.
   (2) Guess the related words and expression in the picture.

2. Find clues about the pictures in the conversation.
   (1) Pay attention to the description of actions and situations.
   (2) Please write down the words used in the conversation are related to the picture.

3. Choose one correct answer out of four possible options.

---

1. 在聆听对话前请先仔细看图画。
   (1) 理解图画的行为和情况。
   (2) 请利用附图，推测相关词语及表达方式。

2. 请于对话中找出相关图片的提示。
   (1) 请留意对于行为或情景的描述。
   (2) 请记下对话中相关图片的词语。

3. 在四个选择中选出一个正确的答案。

TOPIK I

공식 19 듣고 적절한 그림 고르기

다음 대화를 듣고 알맞은 그림을 고르십시오.

여자 : 버스 정류장이 어디예요?
남자 : 저기 길 건너편에 있어요.

①

②

③

④

유형 6

> **공식**

이 유형에 접근하는 가장 좋은 방법은 그림을 잘 이해하고 상황을 파악하는 것입니다.

The best way to approach these questions is to scan the picture completely and identify what's happening.

要接近这题型，最好的方法是充分理解图画和掌握当中的情况。

대화의 내용을 다음과 같이 정리하세요.
1. 대화의 화제 또는 상황은 무엇인가요?
2. 대화에서 두 사람이 서로 묻고 답하는 내용을 확인하세요.

Sum up the contents of the conversation as follows :
1. What is the topic and situation of the conversation?
2. Understand what is being asked and answered between the man and the woman.

整理对话的内容总结如下 :
1. 对话的话题或情况是什么？
2. 请确认对话中两个人一问一答的内容。

> **정답**

'어디예요'를 듣고 '길 건너편'을 가리키는 그림을 선택할 수 있습니다.

답 ①

> **어휘**

| 버스 | 정류장 | 어디 | 저기 | 길 | 건너편 |

TOPIK I

공식 적용하기

다음 대화를 듣고 알맞은 그림을 고르십시오.

여자 : 버스 정류장이 어디예요?
남자 : 저기 길 건너편에 있어요.

	1. 화제 또는 상황 Topic or Situation 话题或状况	2. 설명 또는 반응 Explanation or Reaction 说明和反应
여자	버스 정류장이 어디예요?	
남자		저기 길 건너편에 있어요.

①

②

③

④

TIP

이 유형에 등장하는 대화는 질문에 대답하기와 설명에 대한 반응입니다.
그림에 등장하는 사람이나 물건의 위치, 모양, 행동 등을 잘 살펴보세요.

This type is response to the asking and reaction of explanation in the conversation.
Please observe position, appearance and action of characters or object in the picture.

这题型出现的对话是回答提问与说明对话的反应。请观察图画中出现的人物或物件的位置、模样、行动等。

유형 6

연습문제 01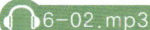

다음 대화를 듣고 알맞은 그림을 고르십시오.

①  ②

③  ④

공식

	1. 화제 또는 상황 Topic or Situation 话题或状况	2. 설명 또는 반응 Explanation or Reaction 说明和反应
여자	파마를 하러 왔는데요.	
남자		손님이 많으니까 조금만 기다려 주세요.

정답

손님이 많은 미용실에서 여자 손님이 파마를 하려고 남자 점원과 대화하는 그림이 정답입니다.

답 ①

어휘

파마 오다 손님 많다 조금 기다리다

듣기지문

여자 : 파마를 하러 왔는데요.
남자 : 손님이 많으니까 조금만 기다려 주세요.

TOPIK I

연습문제 02

🎧 6-03.mp3

다음 대화를 듣고 알맞은 그림을 고르십시오.

①
②
③
④

공식

	1. 화제 또는 상황 Topic or Situation 话题或状况	2. 설명 또는 반응 Explanation or Reaction 说明和反应
여자	소화가 안 돼요.	
남자		소화제를 드릴게요.

정답

약국에서 남자 약사에게 여자 손님이 소화가 안 된다고 말하고 있는 그림이 정답입니다.

답 ③

어휘

점심   먹다   소화   소화제   드리다

듣기지문

여자 : 점심을 먹고 소화가 안 돼요.
남자 : 소화제를 드릴게요.

유형 7 PART.1 듣기 영역
내용과 같은 것 고르기

공식 20~21 참고

'**대화 내용과 같은 것 고르기**' 유형입니다.
두 사람의 대화를 듣고 내용을 가장 잘 표현한 그림을 고르는 것입니다.

This type of question is the 'Select the statement that best describes the conversation'.
Listen to the conversation between two people and select the correct option.

这类型问题是'选择内容一致的题型'。
请聆听两人间的对话，并选出最适合形容该对话的描述。

풀이비법・TIPS・解题技巧

1. 대화를 듣기 전에 선택지를 읽으세요.
   핵심어를 확인하여 밑줄을 긋고 듣기의 내용을 예측하세요.

2. 핵심어에 집중해서 들으세요.

   (1) 이 유형의 일부 문제에서는 선택지에서 밑줄 그은 정보가 대화에서 다른 말로 표현될 수 있습니다. 따라서 동의어나 다른 말로 바꾸어 말한 것을 잘 들어야 합니다.
   대화를 들을 때에는 같은 의미로 쓰인 다른 단어나 표현에 주의하세요.

   (2) 선택지에서 밑줄 친 핵심 단어를 더 자세하게 설명하는 정보에 집중하세요.

   (3) 장소, 날짜, 시간, 숫자, 이유, 수단, 일어난 일과 같은 구체적 정보에 집중하세요.

3. 선택지에서 정답을 선택하세요.

---

1. Read the options carefully before you listen to the conversation.
   Identify and underline key words in order to predict what you are going to hear.

2. When you listen to the conversation, pay close attention to the key words.
   (1) In some questions in this type, the information that you underline in the option will be expressed in the different words in the conversation. So you will need to listen out for synonyms and paraphrasing. When you listen, pay close attention to different words and expressions with the same meaning.
   (2) When you have identified key words in the options, listen carefully for more detailed information.
   (3) You must listen for specific information, such as places, dates, times, numbers, reason, means, and things that happened.

3. Choose one correct answer out of four possible options.

TOPIK I

1. 在聆听对话前请先仔细阅读选项。
   为了预计你将会听到的内容，请确认核心语并把它划上底线。

2. 当你聆听时，请密切注意核心语。
   （1）在这题型某部分问题，你在选项中划下底线的信息会在对话中用其他词语表达出来，请聆听时分辨出同义词和重述。当你聆听时，请密切注意不同的词语和具有相同的意义表达。
   （2）当你选出主要核心语之后，细心聆听其他资讯。
   （3）请聆听其特别信息、如场所、日期、时间、数字、原因、意思和事件的发生。

3. 在四个选择中选出一个正确的答案。

| 공식 20 | 짧은 대화에서 내용과 같은 것 고르기 |

다음을 듣고 대화 내용과 같은 것을 고르십시오.

> 여자 : 내일 친구들과 미술관에 갈 건데 같이 갈래요?
> 남자 : 미안해요. 저도 같이 가고 싶은데 수업이 있어서 못 가요.

① 여자는 친구들과 미술관에 갔습니다.
② 여자는 혼자 미술관에 가려고 합니다.
③ 남자는 미술관에 가고 싶지 않습니다.
④ 남자는 내일 미술관에 갈 수 없습니다.

공식

세부 내용
the details
详细内容

대화의 세부 내용을 정리하세요.
1. 대화의 화제 또는 상황을 확인하세요.
2. 대화에서 두 사람이 서로 묻고 답하는 내용을 확인하세요.

Please organize the details in the conversation.
1. Please confirm 'the topic and the situation' of the conversation.
2. Understand what is being asked and answered between a man and a woman.

请具体地整理听到的对话内容。
1. 请确认对话的话题和情况。
2. 请确认对话中两个人一问一答的内容。

정답

남자는 내일 수업이 있어서 미술관에 갈 수 없습니다. 　답 ④

어휘

내일　친구　미술관　가다　같이　미안하다　수업　있다

TOPIK I

> **공식 적용하기**

다음을 듣고 대화 내용과 같은 것을 고르십시오.

여자 : 내일 친구들과 <mark>미술관에 갈 건데</mark> 같이 갈래요?
 I am going to a museum with my friend tomorrow, Would you like to go with us?
 明天我打算跟朋友一起去美术馆。你要一起去吗?

남자 : <mark>미안해요</mark>. 저도 같이 가고 싶은데 수업이 있어서 <mark>못 가요</mark>.
 I would like to go, unfortunately, I have a class tomorrow.
 对不起。我也很想一起去, 但明天要上课去不了。

세부 내용 The details 详细内容		
	여자 Woman 女子	남자 Man 男子
1. 화제 또는 상황 Topic or Situation 话题或状况	내일 / 미술관	
2. 질문과 대답 Asking and Response 提问和回答	미술관에 같이 갈래요?	미안해요. 수업이 있어서 못 가요.

① 여자는 친구들과 미술관에 갔습니다.
　☞ 갈 건데 : 미래
② 여자는 **혼자** 미술관에 가려고 합니다.
　☞ 친구들과
③ 남자는 미술관에 가고 ~~싶지 않습니다~~.
　☞ 가고 싶은데
④ <mark>남자는 내일 미술관에 갈 수 없습니다</mark>.

유형 7

연습문제 01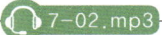

다음을 듣고 대화 내용과 같은 것을 고르십시오.

① 여자는 우체국에서 일합니다.
② 남자는 소포를 보내려고 합니다.
③ 여자는 지금 은행에 있습니다.
④ 남자는 여자에게 우체국의 위치를 알려 주고 있습니다.

공식

세부 내용 The details 详细内容		여자	남자
	1. 화제 또는 상황 Topic or Situation 话题或状况	소포 / 우체국	
	2. 질문과 대답 Asking and Response 提问和回答	근처에 우체국이 있어요?	은행 옆에 있어요.

정답

① 여자는 우체국에서 일합니다. ☞ 우체국을 찾고 있습니다.

② 남자는 소포를 보내려고 합니다. ☞ 여자

③ 여자는 지금 은행에 있습니다. ☞ 위치를 묻고 있습니다.

④ 남자는 여자에게 우체국의 위치를 알려 주고 있습니다.
　☞ 여자가 우체국의 위치를 묻고 남자가 알려 주고 있습니다.

답 ④

어휘

소포　　보내다　　근처　　우체국　　저기　　은행　　옆

듣기지문

여자 : 소포를 보내려고 하는데 근처에 우체국이 있어요?
남자 : 네, 저기 은행 옆에 있어요.

TOPIK I

연습문제 02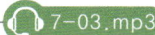

다음을 듣고 대화 내용과 같은 것을 고르십시오.

① 남자는 방을 예약하고 싶습니다.
② 여자는 3일 동안 방을 사용하고 싶습니다.
③ 남자는 수요일부터 호텔에 근무합니다.
④ 여자는 두 개의 방이 필요합니다.

공식

		여자	남자
세부 내용 The details 详细内容	1. 화제 또는 상황 Topic or Situation 话题或状况	예약 / 호텔	
	2. 질문과 대답 Asking and Response 提问和回答	예약할 수 있어요?	네
		수요일부터 금요일까지	며칠 동안 사용하시겠어요?
		침대가 두 개인 방	어떤 방을 원하세요?

정답

① 남자는 방을 예약하고 싶습니다.
　☞ 여자
② 여자는 3일 동안 방을 사용하고 싶습니다.
　☞ 수요일부터 금요일까지 사용하고 싶습니다.
③ 남자는 수요일부터 호텔에 근무합니다.
　☞ 여자 / ~을 사용합니다.
④ 여자는 두 개의 방이 필요합니다.
　☞ 침대가 두 개인 방

답 ②

어휘

방　　예약하다　　며칠　　사용하다　　다음 주　　수요일　　금요일
어떤　　원하다　　침대　　주다

듣기지문

여자 : 방을 예약할 수 있어요?
남자 : 네, 며칠 동안 사용하시겠어요?
여자 : 다음 주 수요일부터 금요일까지 사용할 거예요.
남자 : 어떤 방을 원하세요?
여자 : 침대가 두 개인 방으로 주세요.

공식 21 긴 대화에서 내용과 같은 것 고르기

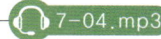

다음을 듣고 대화 내용과 같은 것을 고르십시오.

> 여자 : 민수 씨, 이번 휴가 잘 보냈어요?
> 남자 : 이번 휴가는 집에서 그냥 쉬었는데 휴가가 끝나고 나니까 후회가 되네요. 수미 씨는 어떻게 보냈어요?
> 여자 : 저는 가족들과 제주도에 다녀왔어요. 제주도에서 아름다운 바다도 구경하고 유명한 관광지에도 갔어요. 짧지만 즐거운 시간이었어요.
> 남자 : 너무 부러워요. 저도 제주도에 한번 꼭 가 보고 싶어요.

① 남자는 휴가를 잘 보냈습니다.
② 여자는 혼자 제주도에 다녀왔습니다.
③ 여자는 제주도에서 유명한 관광지에 갔습니다.
④ 남자는 작년에 제주도에 다녀왔습니다.

공식

세부 내용 The details 详细内容	대화의 세부 내용을 정리하세요. 1. 대화의 화제 또는 상황을 확인하세요. 2. 대화에서 두 사람이 서로 묻고 답하는 내용을 확인하세요. 3. 말하는 사람의 생각이나 느낌을 확인하세요. Please organize the details in the conversation. 1. Please confirm 'the topic and the situation' of the conversation. 2. Understand what is being asked and answered between a man and a woman. 3. Please confirm the thought or the feeling of the speaker. 请具体地整理听到的对话内容。 1. 请找出对话前面部分出现的对话话题是什么。 2. 请确认对话中两个人一问一答的内容。 3. 请确认说话人的思想或是感想。

TOPIK I

> **정답**
>
> 여자는 가족들과 제주도에서 바다도 구경하고 관광지에도 갔습니다.
>
> 답 ③

> **어휘**
>
> | | | | | | | |
> |---|---|---|---|---|---|---|
> | 이번 | 휴가 | 보내다 | 쉬다 | 끝나다 | 후회 | 어떻게 |
> | 가족 | 제주도 | 다녀오다 | 아름답다 | 바다 | 구경하다 | 유명하다 |
> | 관광지 | 짧다 | 즐겁다 | | | | |

유형 7

> **공식 적용하기**

다음을 듣고 대화 내용과 같은 것을 고르십시오.

여자 : 민수 씨, 이번 휴가 잘 보냈어요?
   Minsu, how was your vacation?
   民洙，这个假期过得好吗？

남자 : 이번 휴가는 집에서 그냥 쉬었는데 휴가가 끝나고 나니까 후회가 되네요. 수미 씨는 어떻게 보냈어요?
   I stayed at home for the entire vacation. The vacation is over now, and I regret it. How about you, Sumi?
   我整个假期都在家里歇着，现在假期结束了，有点后悔啊。秀美你是怎么过的呢？

여자 : 저는 가족들과 제주도에 다녀왔어요. 제주도에서 아름다운 바다도 구경하고 ==유명한 관광지에도 갔어요==. 짧지만 즐거운 시간이었어요.
   I went to Jeju Island with my family. I saw the beautiful sea, also visited some famous places. Although the time is short, I had a very pleasant time.
   我和家人去了济州岛玩儿，看了美丽的大海，也去了有名的观光胜地。虽然时间不长，但过得很愉快。

남자 : 너무 부러워요. 저도 제주도에 한번 꼭 가 보고 싶어요.
   Good for you. I just want to visit Jeju island once.
   真羡慕你。我也觉得一定要去济州岛玩儿一次。

세부 내용 The details 详细内容		여자	남자
	1. 화제 또는 상황 Topic or Situation 话题或状况	휴가	
	2. 질문과 대답 Asking and Response 提问和回答	휴가 잘 보냈어요? 짧지만 즐거운 시간이었어요.	후회가 되네요. 어떻게 보냈어요?
	3. 생각 또는 느낌 Thought or feeling 思想或感想		제주도에 한번 꼭 가 보고 싶어요.

① 남자는 ~~휴가를 잘 보냈습니다.~~ ☞ 후회가 된다고 말했습니다.
② 여자는 ~~혼자~~ 제주도에 다녀왔습니다. ☞ 가족들과
③ 여자는 제주도에서 유명한 관광지에 갔습니다.
    ☞ 제주도에서 아름다운 바다도 구경하고 유명한 관광지에도 갔습니다.
④ 남자는 ~~작년에 제주도에 다녀왔습니다.~~
    ☞ 제주도에 한번 꼭 가 보고 싶어 합니다.

TOPIK I

연습문제 01

다음을 듣고 대화 내용과 같은 것을 고르십시오.

① 여자는 약속 시간을 바꾸고 싶어 합니다. ② 남자는 이번 주에 인천에 갑니다.
③ 여자는 수요일에 서울에 도착합니다. ④ 남자는 다음 주 수요일에 발표를 합니다.

공식

세부 내용 The details 详细内容		남자	여자
	1. 화제 또는 상황 Topic or Situation 话题或状况	발표를 다음 주로 바꿀 수 있어요?	
	2. 질문과 대답 Asking and Response 提问和回答	무슨 일 있어요?	인천으로 출장을 가야 해서요.
		언제로 바꿀까요?	수요일로 바꿔 주세요.
3. 생각 또는 느낌 Thought or feeling 思想或感想			

정답

① 여자는 약속 시간을 바꾸고 싶어 합니다.
  ☞ 수요일로 바꾸려고 합니다.
③ 여자는 수요일에 서울에 도착합니다.
  ☞ 화요일
② 남자는 이번 주에 인천에 갑니다.
  ☞ 여자
④ 남자는 다음 주 수요일에 발표를 합니다.
  ☞ 여자

답 ①

어휘

발표   바꾸다   출장(을) 가다   언제   서울   도착하다

듣기지문

여자 : 김 대리님, 이번 주 발표를 다음 주로 바꿀 수 있어요?
남자 : 무슨 일 있어요?
여자 : 네, 이번 주에 인천으로 출장을 가야 해서요.
남자 : 아, 그러세요. 그럼 언제로 바꿀까요?
여자 : 다음 주 화요일에 서울에 도착하니까 수요일로 바꿔 주세요.

유형 7

연습문제 02

다음을 듣고 대화 내용과 같은 것을 고르십시오.

① 여자는 청소기를 수리하는 사람입니다. ② 남자는 청소기를 두 달 전에 샀습니다.
③ 수리 시간은 삼십 분입니다. ④ 남자는 여자에게 삼만 원을 주어야 합니다.

공식

세부 내용 The details 详细内容		남자	여자
	1. 화제 또는 상황 Topic or Situation 话题或状况	청소기 앞 부분이 깨졌어요.	
	2. 질문과 대답 Asking and Response 提问和回答	무슨 일로 오셨어요?	고장이 나서요.
		언제 청소기를 사셨어요?	한 달 전에요.
		삼십 분 정도 기다리시면 됩니다.	바로 고칠 수 있을까요?
	3. 생각 또는 느낌 Thought or feeling 思想或感想		

정답

① 여자는 청소기를 수리하는 사람입니다.
　☞ 남자
② 남자는 청소기를 두 달 전에 샀습니다.
　☞ 여자 / 한
③ 수리 시간은 삼십 분입니다.
　☞ 삼십 분 정도 기다리시면 됩니다.
④ 남자는 여자에게 삼만 원을 주어야 합니다.
　☞ 여자는 남자에게

답 ③

어휘

얼마   청소기   고장   깨지다   언제   바로   고치다   기다리다   수리비

듣기지문

남자 : 안녕하세요. 무슨 일로 오셨어요?
여자 : 얼마 전에 청소기를 샀는데 고장이 나서요. 청소기 앞 부분이 깨졌어요.
남자 : 언제 청소기를 사셨어요?
여자 : 한 달 전에요. 지금 바로 고칠 수 있을까요?
남자 : 삼십 분 정도 기다리시면 됩니다. 그리고 수리비는 삼만 원입니다.
여자 : 네, 알겠습니다.

유형 8 중심 생각 고르기

PART.1 듣기 영역

공식 22 참고

'중심 생각 고르기' 유형은 두 사람의 대화를 듣고 '남자' 또는 '여자'의 중심 생각을 고르는 문제입니다. 중심 생각은 화자가 전달하고자 하는 특정한 정보입니다.

This type of question is 'select the main idea' from the specific speaker 'man' or 'woman'.
The main idea is the particular information the speaker is trying to deliver.

这类型问题是'选择中心思想',聆听两个人的对话后选择'男子'或'女子'的中心思想。
其中心思想是说话者试图传递的特定信息。

풀이비법 • TIPS • 解題技巧

1. 대화를 듣기 전에 문제를 먼저 보세요.
   '남자' 또는 '여자'의 중심 생각 중 어떤 것을 묻는지 확인하세요.

2. 핵심어를 확인하여 밑줄을 긋고 대화의 내용을 생각해 보세요.

3. 들을 때 [1.]에서 결정한 사람의 말에 집중하세요.
   (1) 의문사로 묻고 답하는 경우 대답에 주의하세요.
   (2) 생각이나 느낌을 의미하는 단어에 집중하세요.

4. 선택지에서 정답을 고르세요.

---

1. Preview the question at first before listen to the conversation.
   Read the question and identify whether it is the man's main idea or woman's main idea.

2. Identify and underline key words in order to predict what you are going to hear.

3. When you listen to the conversation, please concentrate on the speaker who is decided to [1.].
   (1) Pay attention to the answer when they ask and answer using the interrogative.
   (2) Please concentrate on words about thoughts and feelings.

4. Choose one correct answer out of four possible options.

---

1. 聆听对话前,先把题目预览一遍。阅读问题和确认问题中是男子的中心思想还是女子的中心思想。

2. 为了预计你将会听到的内容,请确认核心语并把它划上底线。

3. 集中聆听[1.]当中决定性人物所说的话。
   (1) 留意以疑问词来提问的应答。
   (2) 聚焦表示想法或感觉的词语。

4. 在四个选择中选出一个正确的答案。

공식 22 | 중심 생각을 고르는 문제

🎧 8-01.mp3

다음을 듣고 남자의 중심 생각을 고르십시오.

> 여자 : 어떻게 해 드릴까요?
> 남자 : 이 사진에 있는 사람처럼 해 주세요.
> 여자 : 너무 짧아 보이는데 괜찮으세요?
> 남자 : 여름에는 더워서 짧은 머리가 좋아요.

① 남자는 사진을 좋아합니다.
② 남자는 머리를 기르려고 합니다.
③ 남자는 짧은 머리를 하고 싶습니다.
④ 남자는 더운 날씨를 싫어합니다.

공식

중심 생각과 관계있는 문장 찾기 Find a sentence related to main idea 找与中心思想有关的句子	여자	남자
	어떻게 해 드릴까요?	짧은 머리가 좋아요.
	⇩	
	남자/여자의 중심 생각 Man/Women's main idea 男子/女子的中心思想	

정답

남자는 여름에는 더워서 짧은 머리가 좋다고 했습니다.

답 ③

어휘

| 어떻게 | 사진 | 사람 | 처럼 | 주다 | 너무 | 짧다 | 괜찮다 |
| 여름 | 덥다 | 머리 | 좋다 | | | | |

TOPIK I

공식 적용하기

다음을 듣고 남자의 중심 생각을 고르십시오.

여자 : 어떻게 해 드릴까요?
남자 : 이 사진에 있는 사람처럼 해 주세요.
여자 : 너무 짧아 보이는데 괜찮으세요?
남자 : 여름에는 더워서 짧은 머리가 좋아요.

중심 생각과 관계있는 문장찾기 Find a sentence related to main idea 找与中心思想有关的句子	여자	남자
	어떻게 해 드릴까요?	짧은 머리가 좋아요.
	⇩	
	남자의 중심 생각	

① 남자는 사진을 좋아합니다.　　② 남자는 머리를 기르려고 합니다.
③ 남자는 짧은 머리를 하고 싶습니다.　　④ 남자는 더운 날씨를 싫어합니다.

TIP

중심 생각은 남자 또는 여자의 말에 나타납니다. 생각이나 느낌을 표현하는 문장을 잘 들어야 합니다.

Main idea will appear in the conversation between a man or a woman, listen and identify thoughts and feeling expressed in the sentences.

中心思想会出现在男子或女子的对话中，细心聆听主要思想或是感觉表达的句子。

연습문제 01

다음을 듣고 여자의 중심 생각을 고르십시오.

① 약을 먹고 감기가 나았다.
② 날씨가 추우면 감기에 걸리기 쉽다.
③ 영수 씨와 병원에 가려고 했다.
④ 감기에 걸린 영수 씨를 걱정했다.

공식

중심 생각과 관계있는 문장 찾기 Find a sentence related to main idea 找与中心思想有关的句子	여자	남자
	감기는 다 나았어요?	괜찮아졌어요.
	걱정했는데	
	⇩	
	여자의 중심 생각	

정답

① 약을 먹고 감기가 나았다.
 ☞ 남자의 말
② 날씨가 추우면 감기에 걸리기 쉽다.
 ☞ 알 수 없는 정보
③ 영수 씨와 병원에 가려고 했다.
 ☞ 알 수 없는 정보
④ 감기에 걸린 영수 씨를 걱정했다.
 ☞ 많이 아파 보여서 걱정했는데 다행이네요.

답 ④

어휘

감기   낫다   약   쉬다   괜찮다   아프다   다행이다   겨울
조심하다

듣기지문

여자 : 영수 씨, 감기는 다 나았어요?
남자 : 약을 먹고 집에서 쉬니까 괜찮아졌어요.
여자 : 많이 아파 보여서 걱정했는데 다행이네요.
남자 : 고마워요. 수지 씨도 겨울이니까 감기 조심하세요.

TOPIK I

연습문제 02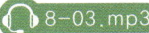

다음을 듣고 남자의 중심 생각을 고르십시오.

① 카메라를 사려고 합니다.
② 카메라를 팔려고 합니다.
③ 할인 가격을 묻고 있습니다.
④ 현금으로 계산하려고 합니다.

공식

중심 생각과 관계있는 문장 찾기 Find a sentence related to main idea 找与中心思想有关的句子	남자	여자
	카메라 좀 보여 주세요.	
	카드로 계산할 수 있어요?	현금만 받습니다.
	⇩	
	남자의 중심 생각	

정답

① 카메라를 사려고 합니다.
　☞ 인기 있는 카메라 좀 보여 주세요.
　　카드로 계산할 수 있어요?
② 카메라를 팔려고 합니다.
　☞ 사려고
③ 할인 가격을 묻고 있습니다.
　☞ 알 수 없는 정보
④ 현금으로 계산하려고 합니다.
　☞ 카드

답 ①

어휘

인기　카메라　요즘　제품　할인　기간　카드　계산하다　현금

듣기지문

남자 : 인기 있는 카메라 좀 보여 주세요.
여자 : 요즘 이 제품이 인기 있습니다. 지금 할인 기간이에요.
남자 : 카드로 계산할 수 있어요?
여자 : 할인 기간이어서 현금만 받습니다.

PART.1 듣기 영역

듣고 두 문제에 대답하기

공식 23 참고

'대화를 듣고 두 문제에 대답하기' 유형입니다.
긴 대화를 듣고 대화의 세부 내용을 묻는 두 문제에 답하는 문제입니다.

This type of question is 'answer two questions in one conversation'.
You need to listen to a long conversation and answer two questions about the details of the conversation.

这类型问题是'聆听对话后回答两个问题'。
这种类型需要先听一段长对话，然后回答有关对话细节的两个问题。

풀이비법 • TIPS • 解題技巧

1. 대화를 듣기 전에 문제와 선택지를 읽으세요.
   (1) 문제의 유형을 확인하세요.
   (2) 핵심어를 확인하여 밑줄을 긋고 대화의 내용을 생각해 보세요.

2. 핵심어에 집중해서 들으세요.
   (1) 이 유형의 일부 문제에서는 선택지에서 밑줄 친 정보가 대화에서 다른 말로 표현될 수 있습니다. 따라서 동의어나 다른 말로 바꾸어 말한 것을 잘 들어야 합니다. 대화를 들을 때에는 같은 의미로 쓰인 다른 단어나 표현에 주의하세요.
   (2) 선택지에서 밑줄 친 핵심 단어를 더 자세하게 설명한 정보에 집중하세요.
   (3) 장소, 날짜, 시간, 숫자, 이유, 수단, 일어난 일과 같은 구체적인 정보에 집중하세요.

3. 선택지에서 정답을 선택하세요.

---

1. Read the question and options carefully before you listen to the conversation.
   (1) Please identify the type of questions.
   (2) Identify and underline key words in order to predict what you are going to hear.

2. While you listen, pay close attention to the key words.
   (1) In some questions in this type, the information that you underline in the options will be expressed in the different words in the conversation. So you will need to listen out for synonyms and paraphrasing.
   (2) When you have identified key words in the options, listen carefully for more detailed information.
   (3) You must listen for specific information, such as places, dates, times, numbers, reason, means, and things that happened.

3. Choose one correct answer out of four possible options.

1. 在聆听对话前请先仔细阅读选项及问题。
   (1) 请确认问题的类型。
   (2) 为了预计你将会听到的内容，请确认核心语并把它划上底线。
2. 当你聆听时，请密切注意核心语。
   (1) 在这题型某部分问题，你在选项中划下底线的信息会在对话中用其他词语表达出来，请聆听时分辨出同义词和重述。当你聆听时，请密切注意不同的词语和具有相同的意义表达。
   (2) 当你选出主要核心语之后，细心聆听其他资讯。
   (3) 请聆听其特别信息、如场所、日期、时间、数字、原因、意思和事件的发生。
3. 在四个选择中选出一个正确的答案。

공식 23 대화를 듣고 두 문제에 대답하기

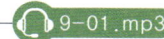

다음을 듣고 물음에 답하십시오.

여자 : 안녕하세요? 서울에 소포를 부치고 싶어요.
남자 : 소포 안에 무엇이 있나요?
여자 : 책과 과자입니다.
남자 : 소포를 저울 위에 올려 주세요.
여자 : 얼마예요?
남자 : 10,000원입니다. 이틀 후에 도착할 거예요.

문제 1 여자가 왜 남자를 찾아왔는지 맞는 것을 고르십시오.

① 소포를 찾기 위해서
② 책과 과자를 사려고
③ 소포를 보내기 위해서
④ 책과 과자를 계산하려고

문제 2 들은 내용과 같은 것을 고르십시오.

① 여자는 서울에 갑니다.
② 소포 안에는 책과 과자가 있습니다.
③ 요금은 이만 원입니다.
④ 소포는 이틀 후에 출발합니다.

TOPIK I

> **공 식**

대화의 세부 내용을 정리하세요.
1. 대화의 앞부분에 등장하는 대화의 화제 또는 상황이 무엇인지 확인하세요.
2. 대화에서 두 사람이 서로 묻고 답하는 내용을 확인하세요.
3. 말하는 사람의 생각이나 느낌을 확인하세요.

Please organize the details in the conversation.
1. Please identify the topic of the conversation at the beginning.
2. Understand what is being asked and answered between a man and a woman.
3. Please confirm the thought or the feeling of the speaker.

请具体地整理听到的对话内容。
1. 请找出对话前面部分出现的对话话题或情况是什么。
2. 请确认对话中两个人一问一答的内容。
3. 请确认说话人的思想或是感想。

> **정 답**

▍문제 1 ▍ 여자가 왜 남자를 찾아왔는지 맞는 것을 고르십시오.

'서울에 소포를 부치고 싶어요.'가 힌트입니다.

답 ③

▍문제 2 ▍ 들은 내용과 같은 것을 고르십시오.

여자는 소포 안에 책과 과자가 있다고 했습니다.

답 ②

> **어 휘**

서울   소포   부치다   안   있다   책   과자   저울   도착하다   이틀

유형 9

공식 적용하기

다음을 읽고 물음에 답하십시오.

> 여자 : 안녕하세요? 서울에 소포를 부치고 싶어요.
> 남자 : 소포 안에 무엇이 있나요?
> 여자 : 책과 과자입니다.
> 남자 : 소포를 저울 위에 올려 주세요.
> 여자 : 얼마예요?
> 남자 : 10,000원입니다. 이틀 후에 도착할 거예요.

■ 문제 1 ■ 여자가 왜 남자를 찾아왔는지 맞는 것을 고르십시오.
① 소포를 찾기 위해서
② 책과 과자를 사려고
③ 소포를 보내기 위해서
④ 책과 과자를 계산하려고

TIP

대화를 잘 듣고 앞부분에 등장하는 대화의 목적, 화제를 파악하세요.
Please listen carefully and grasp the content as purpose, topic at beginning of conversation.
请小心聆听对话和掌握对话里前部分出现的目的、话题。

■ 문제 2 ■ 들은 내용과 같은 것을 고르십시오.
① 여자는 서울에 갑니다. ☞ 소포를 보냅니다.
② 소포 안에는 책과 과자가 있습니다. ☞ 책과 과자입니다.
③ 요금은 어만 원입니다. ☞ 10,000원
④ 소포는 이틀 후에 출발합니다. ☞ 도착합니다.

TIP

대화를 잘 듣고 뒷부분에 등장하는 구체적인 대화의 내용을 파악하세요.
Please listen carefully and grasp the content about specific information at the end of conversation.
请小心聆听对话和掌握对话里后部分的具体内容。

TOPIK I

연습문제 01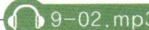

다음을 듣고 물음에 답하십시오.

■문제 1 ■ 어떤 이야기를 하고 있는지 고르십시오.

① 부탁　　　　② 광고　　　　③ 안내　　　　④ 예약

■문제 2 ■ 들은 내용과 같은 것을 고르십시오.

① 오늘은 비가 옵니다.　　　　② 주말에는 날씨가 맑습니다.
③ 토요일에는 많은 비가 내립니다.　　　　④ 다음 주에는 계속 맑은 날씨입니다.

정답

■문제 1 ■ 어떤 이야기를 하고 있는지 고르십시오.

'날씨입니다.'라고 말하면서 날씨를 안내하고 있습니다.

답 ③

■문제 2 ■ 들은 내용과 같은 것을 고르십시오.

① 오늘은 비가 옵니다. ☞ 구름이 많습니다.
② 주말에는 날씨가 맑습니다. ☞ 비가 내립니다.
③ 토요일에는 많은 비가 내립니다.
④ 다음 주에는 계속 맑은 날씨입니다. ☞ 월요일부터 수요일까지

답 ③

어휘

| 날씨 | 맑다 | 구름 | 많다 | 위치 | 영향 | 이번 | 비 | 내리다 |
| 계획 | 우산 | 꼭 | 준비하다 | 계속되다 |

듣기지문

날씨입니다. 어제까지 맑던 하늘이 오늘은 구름이 많습니다. 서쪽 바다에 위치한 비구름의 영향으로 이번 주말까지는 비가 내리겠습니다. 비는 목요일인 내일 오전부터 시작되어 토요일에는 많은 비가 내리겠습니다. 주말에 여행 계획이 있으신 분은 우산을 꼭 준비하시기 바랍니다. 다음 주 월요일부터 수요일까지는 다시 맑은 날씨가 계속되겠습니다.

연습문제 02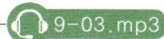

다음을 듣고 물음에 답하십시오.

▌문제 1 ▌ 두 사람은 무엇에 대해 이야기를 하고 있는지 고르십시오.

① 모임에 늦는 이유 ② 모임에 빨리 가는 방법
③ 모임에 대한 소개 ④ 모임에서 친구를 만나는 방법

▌문제 2 ▌ 들은 내용과 같은 것을 고르십시오.

① 모임은 오후 2시입니다. ② 모임은 토요일과 일요일에 합니다.
③ 여자는 중국어를 잘합니다. ④ 남자와 여자는 토요일에 만납니다.

정답

▌문제 1 ▌ 두 사람은 무엇에 대해 이야기를 하고 있는지 고르십시오.

남자가 여자에게 일주일에 한 번씩 한국 사람과 외국인이 만나서 서로의 언어를 가르치고 공부하는 '언어 교환 모임'에 대해 설명하고 있습니다.

답 ③

▌문제 2 ▌ 들은 내용과 같은 것을 고르십시오.

① 모임은 오후 2시입니다.
  ☞ 3시
② 모임은 토요일과 일요일에 합니다.
  ☞ 이번 주 토요일에 '언어 교환 모임'이 있는데
③ 여자는 중국어를 잘합니다.
  ☞ 초보
④ 남자와 여자는 토요일에 만납니다.
  ☞ 남자의 말을 참고하면 정답을 선택할 수 있습니다.
  남자 : 이번 주 토요일에 '언어 교환 모임'이 있는데 같이 가실래요?
  남자 : 종로에서 오후 3시니까, 저랑 명동에서 2시에 만나요.

답 ④

TOPIK I

어휘

언어   교환   모임   같이   사람   외국인   서로   가르치다
중국어   관심   초보   괜찮다   문화   사귀다   시간   장소
종로   명동   오후   그게(← 그것이)

듣기지문

남자 : 수미 씨, 이번 주 토요일에 '언어 교환 모임'이 있는데 같이 가실래요?

여자 : '언어 교환 모임'이요? 그게 뭐예요?

남자 : 일주일에 한 번씩 한국 사람과 외국인이 만나서 서로의 언어를 가르치고 공부하는 모임이에요.

여자 : 아, 그래요? 저는 중국어에 관심은 많은데 초보예요. 괜찮을까요?

남자 : 네, 괜찮아요. 언어도 배우고 문화도 배우고 친구도 사귈 수 있어서 좋을 거예요.

여자 : 시간과 장소는 어떻게 돼요?

남자 : 종로에서 오후 3시니까, 저랑 명동에서 2시에 만나요.

여러 가지 대화 상황에서 쓰이는 표현 1

대화 상황	표현	대답
감사 인사를 할 때	고마워요. 고맙습니다.	아니에요. 별말씀을요.
반가울 때	반가워요. 반갑습니다.	반갑습니다.
부탁할 때	부탁해요. 부탁합니다. 잘 부탁합니다.	네, 잠깐만 기다리세요. 네, 알겠습니다.
사과할 때	미안해요. 미안합니다.	괜찮습니다.
사람이 찾아왔을 때	○○ 씨 있나요?	네, 들어오세요.
식사를 할 때	맛있게 드세요.	맛있게 드세요. 잘 먹겠습니다.
안부 인사를 건넬 때	잘 지냈어요?	네, 잘 지냈어요.
양해를 구할 때	실례합니다.	괜찮습니다. 무슨 일이시죠?
여행 갈 때	다녀오겠습니다.	잘 다녀오세요.
오랜만에 만났을 때	오랜만이에요. 오랜만입니다.	오랜만이에요. 오랜만입니다.
자기 전 저녁 인사를 할 때	잘 자요. 안녕히 주무세요.	잘 자요. 안녕히 주무세요.
전화할 때	○○ 씨 있나요?	네, 전데요.
처음 만날 때	처음 뵙겠습니다.	만나서 반갑습니다.
축하할 때	축하합니다.	감사합니다.
칭찬할 때	잘했습니다.	감사합니다.
헤어질 때	안녕히 가세요. 안녕히 계세요.	안녕히 계세요. 안녕히 가세요.

여러 가지 대화 상황에서 쓰이는 표현 2

대화 상황	표현	대답
건강 상태 묻기	어디가 아파요?	○○이/가 아파요. * ○○에는 머리, 배, 허리 등 신체 부위가 들어갈 수 있습니다.
경험 묻기	~ 해본 적 있어요?	네. ~ 해본 적 있어요. 아니요. ~ 해본 적 없어요.
교통 수단 묻기	○○에 어떻게 가요?	걸어서 가요. ○○ 타고 가요. * ○○에는 차, 지하철, 비행기 등 탈것이 들어갈 수 있습니다.
날짜 묻기	며칠이에요?	○월 ○일이에요.
물건 사기	얼마예요?	○,○○○원입니다.
물건 찾기	○○이/가 어디에 있어요?	○○는/은 △△에 있어요.
부탁하기	~(아/어/여) 주세요. ~(으)ㄹ 수 있어요?	네, 잠시만 기다려 주세요. 미안하지만 ~(으)ㄹ 수 없어요.
시간 묻기	몇 시예요?	○시 △분이에요.
약속 잡기	언제 만날까요? 어디에서 만날까요?	○월 △일, □시에 만나요. ○○에서 만나요.
요일 묻기	무슨 요일이에요?	○요일이에요. * ○에는 '월, 화, 수, 목, 금, 토, 일'이 들어갈 수 있습니다.
자기소개	안녕하세요? 저는 ○○(이)예요.	네, 안녕하세요? 저는 △△(이)예요.
제안하기	~ 어때요? ~(으)ㄹ래요? 같이 ~(으)ㄹ래요?	좋아요. 글쎄요. 미안하지만 ~(으)ㄹ 수 없어요.
초대하기	○○에 올 수 있어요?	네, 좋아요. 미안해요. 약속이 있어요.

PART 2

읽기 영역

유형 1 화제 고르기

유형 2 빈칸에 들어갈 말 고르기

유형 3 세부 내용 파악하기

유형 4 내용과 같은 것 고르기

유형 5 중심 생각 고르기

유형 6 지문을 읽고 두 문제에 답하기(1)

유형 7 순서대로 배열하기

유형 8 지문을 읽고 두 문제에 답하기(2)

알면서 실천하지 않는 것은 참된 앎이 아니다.

— 이황

유형 1 화제 고르기

PART.2 읽기 영역

공식 1 참고

'화제 고르기' 유형입니다.
두 문장이 공통적으로 다루고 있는 화제를 선택해야 합니다.

This type of question is 'Select the topic'.
You need to select a topic that is common in two sentences.

这题型是'选择话题'。
你必须选择两个句子中提到的共同话题。

풀이비법 • TIPS • 解題技巧

1. 선택지를 읽으세요.
2. 두 문장을 읽고 명사, 동사, 형용사에 밑줄을 그으세요.
3. 두 문장에 나타난 단어들의 의미를 파악하세요.
4. 선택지에서 정답을 선택하세요.

---

1. Read the options.
2. Read the two sentences and underline words such as noun, verb and adjective.
3. Understand the meaning of words appeared in two sentences.
4. Choose one correct answer out of four possible options.

---

1. 阅读选项。
2. 阅读两个句子、在名词、动词、形容词下划上底线。
3. 把握两个句子出现的词语的意思。
4. 在四个选择中选出一个正确的答案。

TOPIK I

공식 1   화제를 고르는 문제

무엇에 대한 내용입니까? 알맞은 것을 고르십시오.

어제는 비가 왔습니다. 지금은 눈이 옵니다.

① 계절　　　　② 여름　　　　③ 운동　　　　④ 날씨

공식

핵심어 Key words 核心语	
문장 1　Sentence 1　句子 1	문장 2　Sentence 2　句子 2
명사 Noun 名词	명사 Noun 名词
동사 Verb 动词	동사 Verb 动词
형용사 Adjective 形容词	형용사 Adjective 形容词
⇨ 화제 Topic 话题	

두 문장에서 제시된 핵심어와 관련 있는 화제를 선택하세요. 선택지에 등장한 단어는 두 문장보다 더 추상적인 단어입니다. 두 문장은 선택지의 추상적인 단어를 구체적인 단어로 설명한 것입니다.

Select the topic that are related to key words of the two sentences. Words appeared in the options are abstract words. Two sentences explain abstract words of the options with specific words.

选择话题是涉及到两个句子的核心语。选项中出现的词语比两个句子更为抽象。两个句子是对选项中的抽象性词语进行了具体化的说明。

정답

'비'와 '눈'의 공통 화제는 날씨입니다.

답 ④

어휘

어제　　비　　오다　　지금　　눈

공식 적용하기

무엇에 대한 내용입니까? 알맞은 것을 고르십시오.

어제는 비가 왔습니다. It rained yesterday. 昨天下雨了。
지금은 눈이 옵니다. It's snowing now. 现在下雪。

핵심어 Key words 核心语	
문장 1 Sentence 1 句子 1	문장 2 Sentence 2 句子 2
명사 Noun 名词	명사 Noun 名词
동사 Verb 动词	동사 Verb 动词
형용사 Adjective 形容词	형용사 Adjective 形容词
비 오다	눈 오다
⇨ 화제 Topic 话题	

① 계절　　　② 여름　　　③ 운동　　　④ 날씨

TIP

이 유형은 듣기 영역 유형 5와 비슷합니다.
176쪽을 참고하여 화제와 관련된 단어들을 정리하세요.

This type of question is similar to the listening part, type 5.
Refer to page 176 and organize the words that you can guess the topic.

这题型与听力部分题型5相似。
参考176页和整理与话题相关的词语。

TOPIK I

연습문제 01

무엇에 대한 내용입니까? 알맞은 것을 고르십시오.

할머니가 계십니다. 할아버지도 계십니다.

① 가족　　　　② 친구　　　　③ 이름　　　　④ 부모

공식

핵심어 Key words 核心语	
문장 1　Sentence 1　句子 1	문장 2　Sentence 2　句子 2
할머니	할아버지
⇨ 가족	

정답

'할머니', '할아버지'의 공통 화제는 가족입니다.

답 ①

어휘

할머니　　할아버지　　계시다

유형 1

연습문제 02

무엇에 대한 내용입니까? 알맞은 것을 고르십시오.

> 내일은 설날입니다. 회사에 가지 않습니다.

① 방학   ② 날씨   ③ 휴일   ④ 날짜

공식

핵심어 Key words 核心语	
문장 1 Sentence 1 句子 1	문장 2 Sentence 2 句子 2
설날	회사 / 가지 않습니다.
⇨ 휴일	

정답

'설날', '회사에 가지 않는다'의 공통 화제는 휴일입니다.

답 ③

어휘

설날   회사   가다

부록

화제와 관계있는 단어

계절 season 季节	봄 spring 春天	여름 summer 夏天	가을 autumn 秋天	겨울 winter 冬天
계획 plan 计划	친구 friend 朋友		만나다 meet 见面	
고향 hometown 故乡	서울 Seoul 首尔		부산 Busan 釜山	
나라 country 国家	한국 Korea 韩国		프랑스 France 法国	
나이 age 年龄	살 years 岁		많다 older than 大	
날씨 weather 天气	덥다 hot 热		따뜻하다 warm 温暖	
방학 vacation 放假	숙제 homework 作业		쉬다 rest 休息	
수업 class 课	한국어 Korean 韩国语	가르치다 teach 教	공부하다 / 배우다 study 学习	
식사 meal 用餐	빵 bread 面包		우유 milk 牛奶	
얼굴 face 脸	눈 eye 眼睛		코 nose 鼻子	

음식 food 食物	불고기 Bulgogi 烤肉		비빔밥 Bibimbap 韓式拌饭		맛있다 tasty 好吃
운동 exercise 运动	태권도 taekwondo 跆拳道			수영 swim 游泳	
이름 name 名字	김민수 Kim minsu 金民洙			김수미 Kim sumi 金秀美	
장소 place 场所	화장실 toilet 洗手间			식당 restaurant 食堂	
직업 occupation 职业	경찰 police 警官	요리사 cook 厨师		작가 writer 作家	회사원 worker 职员
취미 hobby 兴趣	우표 stamp 邮票	모으다 collect 收集		운동 sports 运动	농구 basketball 篮球
학교 school 学校	시험 test 考试			학생 student 学生	
휴일 holiday 假日	회사 workplace 公司			안 가다 not go 不去	

유형 2 빈칸에 들어갈 말 고르기

PART.2 읽기 영역

공식 2~3 참고

'빈칸에 들어갈 말 고르기' 유형입니다.
빈칸에 들어갈 말로 가장 자연스러운 어휘와 조사를 선택하세요.

This type of question is 'Fill-in-the blank'.
Select the most natural vocabulary or particle that put in the blank.

这是'填充'的题型。
选择最自然的词汇或助词填充于空白的地方。

풀이비법 • TIPS • 解題技巧

1. 선택지를 읽으세요.
   선택지에는 명사, 동사, 형용사, 부사, 조사가 있습니다.

2. 두 문장을 잘 읽고 명사, 동사, 형용사, 부사에 밑줄을 그으세요.

3. 공식을 적용하여 문제를 해결하세요.

---

1. Read the options.
   There are words such as noun, verb, adjective, adverb and particle in the options.

2. Please read the two sentences carefully and underline the nouns, verbs, adjectives.

3. Solve the question by applying a formula.

---

1. 阅读选项。词语将包括名词、动词、形容词、副词、助词。

2. 小心阅读两个句子和在名词、动词、形容词及副词下划上底线。

3. 通过应用公式来解决问题。

유형 2

공식 2 | 빈칸에 단어(명사, 동사, 형용사, 부사)를 넣는 문제(1)

( )에 들어갈 말로 가장 알맞은 것을 고르십시오.

배가 아픕니다. 그래서 ( )에 갑니다.

① 극장　　　② 시장　　　③ 서점　　　④ 병원

공식

두 문장의 의미 관계를 이해하고 가장 알맞은 단어를 선택하세요.
Understand the semantic relation between the two sentences and choose the most appropriate word.
理解两个句子的意义关联，选择最合适的词语。

앞 문장 The previous sentence 前面的句子	의미 관계 The semantic relation 意义关联	뒤 문장 The following sentence 后面的句子
단어 Words 词语	단어 Words 词语	단어 Words 词语

빈칸에 명사, 동사, 형용사, 부사를 넣는 문제입니다. 정답은 두 문장을 가장 자연스럽게 연결해주는 단어입니다.

In this type of question please fill in the blank with the words such as noun, verb, adjective and adverb. The answer is a word that connects two sentences naturally.

这题型是填写空白的地方如名词、动词、形容词、副词。答案是自然连接两个句子的词语。

정답

배가 아파서 병원에 갑니다. 원인과 결과를 설명하고 있습니다.

답 ④

어휘

배　　아프다　　그래서　　병원　　가다

공식 적용하기

( )에 들어갈 말로 가장 알맞은 것을 고르십시오.

배가 아픕니다. 그래서 (병원)에 갑니다.
I have a stomachache. So I go to the hospital.
因为我肚子痛，所以去看医生。

두 문장의 의미 관계를 이해하고 가장 알맞은 단어를 선택하세요.
Understand the semantic relation between the two sentences and choose the most appropriate word.
理解两个句子的意义关联，选择最合适的词语。

앞 문장	의미 관계	뒤 문장
배가 아픕니다.	그래서	(병원)에 갑니다.

그래서 ⇨ 두 문장은 인과의 의미 관계가 있다.
Two sentences are connected with causal relationship.
两个句子是有因果关系的意思。

① 극장　　② 시장　　③ 서점　　④ 병원

연습문제 01 – 빈칸에 명사를 넣는 문제

( )에 들어갈 말로 가장 알맞은 것을 고르십시오.

> ( )을 갑니다. 그래서 기분이 좋습니다.

① 여행　　　② 시장　　　③ 방학　　　④ 은행

공식

두 문장의 의미 관계를 이해하고 가장 알맞은 단어를 선택하세요.

Understand the semantic relation between the two sentences and choose the most appropriate word.
理解两个句子的意义关联，选择最合适的词语。

앞 문장	의미 관계	뒤 문장
(여행을) 갑니다.	그래서	기분이 좋습니다.

그래서 ⇨ 두 문장은 인과의 의미 관계가 있다.
　　　　Two sentences are connected with causal relationship.
　　　　两个句子是有因果关系的意思。

정답

여행을 가서 기분이 좋습니다. 원인과 결과를 설명하고 있습니다.

답 ①

어휘

여행　　가다　　기분　　좋다

TOPIK I

연습문제 02 - 빈칸에 형용사 또는 동사를 넣는 문제

(   )에 들어갈 말로 가장 알맞은 것을 고르십시오.

> 청소를 했습니다. 방이 (   ).

① 아픕니다　　② 좋습니다　　③ 건강합니다　　④ 깨끗합니다

공식

두 문장의 의미 관계를 이해하고 가장 알맞은 단어를 선택하세요.

Understand the semantic relation between the two sentences and choose the most appropriate word.

理解两个句子的意义关联，选择最合适的词语。

앞 문장	의미 관계	뒤 문장
청소를 했습니다.	–	방이 (깨끗합니다).

(그래서) ⇨ 두 문장은 인과의 의미 관계가 있다.

Two sentences are connected with causal relationship.

两个句子是有因果关系的意思。

정답

청소를 해서 방이 깨끗합니다. 원인과 결과를 설명하고 있습니다.
두 문장 사이에 '그래서'를 넣어보면 알 수 있습니다.

답 ④

어휘

청소　　하다　　방　　깨끗하다

유형 2

연습문제 03 – 빈칸에 부사를 넣는 문제

( )에 들어갈 말로 가장 알맞은 것을 고르십시오.

> 도로에 눈이 많습니다. ( ) 운전하세요.

① 빨리   ② 조용히   ③ 가까이   ④ 조심히

공식

두 문장의 의미 관계를 이해하고 가장 알맞은 단어를 선택하세요.

Understand the semantic relation between the two sentences and choose the most appropriate word.
理解两个句子的意义关联，选择最合适的词语。

앞 문장	의미 관계	뒤 문장
도로에 눈이 많습니다.	–	(조심히) 운전하세요.

(그러므로) ⇨ 두 문장은 인과의 의미 관계가 있다.
　　　　　　Two sentences are connected with causal relationship.
　　　　　　两个句子是有因果关系的意思。

정답

도로에 눈이 많으므로 조심히 운전해야 합니다. 원인과 결과를 설명하고 있습니다.
두 문장 사이에 '그러므로'를 넣어보면 알 수 있습니다.

답 ④

어휘

도로　　눈　　많다　　조심히　　운전하다

TOPIK I

공식 3   빈칸에 단어(조사)를 넣는 문제(2)

( )에 들어갈 말로 가장 알맞은 것을 고르십시오.

> 공항에 갑니다. 비행기( ) 탑니다.

① 을   ② 를   ③ 이   ④ 가

공식

빈칸에 조사를 넣는 문제입니다. 조사의 형태와 역할을 고려하여 정답을 결정하세요.
조사의 형태와 기능에 대해서는 188쪽을 참고하세요.

In this type of question please fill in the blank with a particle. Select the correct answer by considering the role and form of the particles. Please refer to page 188 about the role and form of the particles.

这题型是于空白的地方填上助词。考虑助词的形态和作用，并选择正确的答案。
助词的形态和作用请参考188页。

정답

'타다'는 목적어가 필요한 동사입니다. 따라서 알맞은 조사는 '을/를'입니다.
명사에 받침이 없어서 '를'이 정답입니다.

답 ②

어휘

공항   가다   비행기   타다

유형 2

공식 적용하기

( )에 들어갈 말로 가장 알맞은 것을 고르십시오.

공항에 갑니다. 비행기(를) 탑니다.
I go to the airport. I get on a plane.
我去机场。我登上飞机。

조사는 문장에서 문장 성분을 결정합니다.
한국어 어순을 이해하면 빈칸 문제를 해결할 수 있습니다.
The particles determine the components in the sentence.
If you understand the word order in Korean, you can easily solve the fill-in-the-blank question.
助词在句子中决定句子的成分。
如果你理解韩国语的词序，可以轻松解决填空题的问题。

주어 Subject 主语	목적어 Object 宾语	서술어 Predicate 谓语
명사+조사(은/는/이/가)	명사+조사(을/를)	동사 / 형용사 / 명사+서술격 조사(이다)

부사어 Adverb 状语	
시간 Time 时间	장소 Place 场所
명사+조사(에)	명사+조사(에/으로/로)

① 을 ② 를 ③ 이 ④ 가

연습문제 01

( )에 들어갈 말로 가장 알맞은 것을 고르십시오.

가족과 함께 식당( ) 갑니다.

① 에서　　　② 의　　　③ 에　　　④ 이

공식

부사어 Sentence adverb 状语	서술어 Predicate 谓语
장소명사+조사	동사
식당+(에)	갑니다.

정답

'가다'는 동사입니다. 따라서 장소와 어울리는 '~에 가다'의 형태가 정답입니다.

답 ③

어휘

가족　　함께　　식당　　가다

유형 2

연습문제 02

(   )에 들어갈 말로 가장 알맞은 것을 고르십시오.

민수 씨는 의사입니다. 수미 씨(   ) 의사입니다.

① 만   ② 가   ③ 도   ④ 를

공식

주어 Subject 主语	서술어 Predicate 谓语	주어 Subject 主语	서술어 Predicate 谓语
명사+조사	명사+이다	명사+조사	명사+이다
민수 씨+는	의사+입니다	수미 씨+(도)	의사+입니다

정답

'민수 씨는'과 '수미 씨(   )'는 주어입니다. '수미 씨'는 '추가'의 의미를 갖는 '도'와 연결하여 주어를 표시합니다.

답 ③

어휘

의사   이다

부록

조사의 형태와 기능

1. 은/는 Topic particle 辅助助词

〈형태〉

받침 ○	은
받침 ×	는

주제	문장의 주제를 표시합니다. It marks the topic of the sentence. 它表示句子的主题。 예 저는 한국 사람입니다. 제 이름은 김수진입니다.
대조	대조 관계를 나타낼 때 사용합니다. It is used to express a contrasting relationship. 它是用来表示对对照关系。 예 여름은 더워요. 겨울은 추워요.

2. 이/가 Particles that explain the subject 补格助词

〈형태〉

받침 ○	이
받침 ×	가

주어 표시	문장의 주어를 표시하기 위해 명사에 주격 조사를 붙입니다. Subject particles attach to a noun to tell us that noun is a subject the sentence. 主格助词附着一个名词是告诉我们该名词是句子主题。 예 날씨가 좋아요. 얼굴이 예뻐요
주어를 설명	'되다' 또는 '아니다' 앞에서 주어를 설명할 때 사용합니다. It is used to explain the subject before '되다' or '아니다'. 使用在 '되다' 或 '아니다' 之前，用于说明前面说话中的主语。 예 저는 의사가 되고 싶어요. 　 이 책은 제 책이 아니에요.

3. 을/를 Object particles 宾格助词

〈형태〉

받침 ○	을
받침 ×	를

목적어 표시	문장의 목적어를 표시하기 위해 명사에 목적격 조사를 붙입니다. Object particles attach to a noun to tell us that noun is an object in the sentence. 在名词后加上宾格助词的话，便成了句子的目的语。 예 밥을 먹어요. 공부를 해요.
'하다'와 연결	'공부', '운동'과 같은 명사는 '하다' 앞에서 '을/를'과 함께 사용합니다. It is used with nouns such as '공부', '운동' before '하다'. '을/를' 用于名词如 '공부'、'운동' 的名词后，'하다' 的前面。 예 도서관에서 공부를 했어요. 　　주말에는 운동을 할 거예요.

4. 에 Adverbial case markers 副词格助词

장소	장소를 표시합니다. It marks place. 它表示场所。 예 학교에 갑니다.
시간	시간을 표시합니다. It marks time. 它表示时间。 예 수업이 끝나고 1시에 만나요.
단위	단위를 표시합니다. It marks unit. 它表示单位。 예 여자 : 이 볼펜은 얼마예요? 　　남자 : 한 자루에 천 원이에요.

5. 과/와 Connective postpositions 连接助词

〈형태〉

받침 ○	과
받침 ×	와

연결	주로 비슷한 성격을 가진 명사와 명사를 연결합니다. It is used to link noun to noun in the similar character. 它是主要连接相似性格的名词。 예 나는 사과와 배를 좋아합니다. 　　양복과 넥타이를 준비하세요.
비교의 대상	비교를 표현할 때 사용합니다. It is used to express the comparison. 是用来表示比较。 예 여름은 겨울과 다르게 날씨가 덥다.

6. 만 Auxiliary postpositions 辅助助词

한정	다른 것을 제외하고 하나만 한정할 때 사용합니다. It is used to choose one thing excluding other things. '만'表明排除其他，只选择某一个。 예 나는 시장에서 사과만 샀습니다.
강조	강조를 표현할 때 사용합니다. It used to express emphasis. 它是用来表示强调。 예 친구하고 한 시간만 더 놀게요.

7. 도 Auxiliary postpositions 辅助助词

추가	'역시'와 같이 더하는 속성을 표시합니다. It marks an additive property such as 'too'. 它表示追加的意思如'也'。 예 어제 쇼핑을 했어요. 옷과 가방을 샀어요. 신발도 샀어요.
강조	강조할 때 사용합니다. It used to express emphasis. 它是用来表示强调。 예 민수 씨는 빨리도 달리네요.

8. 으로/로 Adverbial case markers 副词格助词

〈형태〉

받침 O	으로
받침 ×	로

※ 받침 ㄹ이 있는 경우 예외적으로 '로'를 사용한다.

'로' is used exceptionally after a noun ending in a consonant 'ㄹ'.
如果遇到前面名词有收音 'ㄹ' 的特殊情况，则要用 '로'。

예 사무실로 오세요.

이동	이동의 방향이나 목적지를 표시합니다. It marks the direction or destination of a movement. 它表示移动的方向或目的地。 예 학교로 오세요. 　오른쪽으로 가세요.
수단	수단이나 방법을 나타냅니다. It marks a tool or method. 它表示手段和方法。 예 집에서 회사까지 버스로 가요. 　국물은 숟가락으로 드세요.

9. 의 Possession particle 冠形格助词

소유	소유 관계나 수식 관계를 표시합니다. It marks possession or limited to relationship. 它表示拥有或修饰的关系。 예 이것은 친구의 자동차입니다.
줄임	'나의, 저의, 너의'는 '의'를 생략하여 사용하는 경우가 많습니다. It is used to express the shortened form of '나의, 저의, 너의'. '나의, 저의, 너의' 中的 '의'经常会在使用时被省略掉。 예 나의 → 내 / 저의 → 제 / 너의 → 네

부록

빈칸 채우기에 자주 나오는 어휘

1. 날씨 weather 天气

하늘	맑다	좋다	춥다
sky	clear	nice	feel cold
天空	晴朗	好	冷

비	오다	우산	없다
rain	rain	umbrella	don't have
雨	下雨	雨伞	没有

2. 음식 food 饮食

주스	없다	물	마시다
juice	there's no	water	drink
果汁	没有	水	喝

사과 주스	좋아하다	자주	마시다
apple juice	like	often	drink
苹果果汁	喜欢	经常	喝

3. 장소 place 地点/场所

길	모르다	사람들에게	물어보다
the way	don't know	people	ask
路	不认识	人们	问

도서관	책		많다
library	book		there are a lot of
图书馆	书		多

결혼식	사진		(사진을) 찍다
wedding	photo		take a picture
婚礼	相片		照相

우체국	가다	소포	보내다
post office	go to	parcel	send
邮局	去	包裹	发

시장	가다	고기와 야채	사다
market	go to	meat and vegetables	buy
市场	去	肉和菜	买

4. 신체 body 身体

비행기	타다	귀	아프다
plane	on	ear	hurt
飞机	乘	耳	疼

배가 고프다		식당에 가다	
feel hungry		go to a restaurant	
肚子饿		上饭馆	

머리	아프다	약	먹다
head	ache	medicine	take
头	疼	药	吃

밤	자다	아침	일어나다
night	sleep	morning	wake up
夜间	睡觉	早上	起来

5. 상황 situation 状况

시험	쉽다	시험을 잘 보다
exam	easy	to do well on the exam
考试	容易	考试考得好

단어	모르다	사전	찾다
word	don't know	dictionary	look up
单词	不识	辞典	查

생일	친구	초대하다
birthday	friends	invite
生日	朋友	邀约

춤	배우다	잘 추다
dance	learn	be a good dancer
跳舞	学	舞跳得好

유형 **3**

PART.2 읽기 영역

세부 내용 파악하기

공식 4 참고

'세부 내용 파악하기' 유형입니다.
광고문, 안내문, 포스터, 차림표 등을 읽고 맞지 않는 내용을 고르는 문제입니다.

This type of question is the 'Understanding the details'.
Select the inconsistent statement after you read the advertisements, notices, posters, menus, etc.

这题型是'掌握详细内容'。
阅读广告词、通告、海报、菜单等、选择与内容不符的内容。

풀이비법 • TIPS • 解题技巧

1. 실용문의 종류를 파악하세요.
2. 지문에 등장하는 단어나 숫자를 선택지와 비교하며 확인하세요.
3. 지문의 내용과 다른 선택지를 선택하세요.
4. 선택지에서 정답을 고르세요.

---

1. Identify the type of practical text.
2. Compare words or numbers that appear in the text with the options.
3. Select the option that not match the text.
4. Choose one correct answer out of four possible options.

---

1. 确认实用文的种类。
2. 在本文出现的词语和数字与选项作比较。
3. 选择与文本不匹配的选项。
4. 在四个选择中选出一个正确的答案。

공식 4   실용문의 세부 내용 파악하기

다음을 읽고 맞지 <u>않는</u> 것을 고르십시오.

> 기차를 타고 눈꽃 축제에 갑시다!
> - 날짜 : 12월 25일(일) 오전 10시
> - 장소 : 청량리역
> - 참가비 : 7만 원
> - 예약 : 02) 888-7788 (11월 5일 오후 5시까지)
>
> 서울 여행사

① 참가 예약은 한 달 전에 시작합니다.
② 기차를 타고 눈꽃 축제에 갑니다.
③ 축제에 가려면 7만 원을 내야 합니다.
④ 예약은 인터넷으로 할 수 있습니다.

공식

실용문에 나타난 단어, 숫자를 파악하고 선택지의 문장과 비교하세요.

Grasp words or numbers in the practical texts and compare with words or numbers shown in the options.

掌握实用文出现的词语，数字和与选项中的句子作比较。

정답

예약은 전화로 받습니다.

답 ④

어휘

기차   타다   눈꽃   축제   오전   참가비   예약   여행사

공식 적용하기

다음을 읽고 맞지 <u>않는</u> 것을 고르십시오.

기차를 타고 눈꽃 축제에 갑시다!

- 날짜 : 12월 25일(일) 오전 10시
- 장소 : 청량리역
- 참가비 : 7만 원
- <mark>예약 : 02) 888-7788</mark> (11월 5일 오후 5시까지)

서울 여행사

Let's go to the Snow Festival by train!
让我们一起坐火车去雪节吧!

- Time & Date : 10 a.m, Dec 25(Sun)
- 时间和日期 ：点12月25日(星期日)上午10
- Place : Cheongnyangni Station
- 地点 ：清凉里站
- Participation fee : 70,000 won
- 参加费 ：70,000韩元
- Reservation : 02) 888-7788 (by Nov.5 at 5 p.m)
- 预订 ：02）888-7788（到11月5日下午5点为止）

Seoul Travel Agency
首尔旅行社

---

① 참가 예약은 한 달 전에 시작합니다.
☞ 참가는 12월 25일이며 예약은 한 달 전에 시작하여 11월 5일까지 합니다.
② 기차를 타고 눈꽃 축제에 갑니다.
☞ 기차를 타고 눈꽃 축제에 갑시다!
③ 축제에 가려면 7만 원을 내야 합니다.
☞ 참가비 : 7만 원
④ <mark>예약은 인터넷으로 할 수 있습니다.</mark>
☞ 전화

유형 3

연습문제 01

다음을 읽고 맞지 <u>않는</u> 것을 고르십시오.

10월 한국문화교실	
시간	토요일, 일요일
10 : 00~12 : 00	김치 만들기
14 : 00~16 : 00	한복 체험
18 : 00~20 : 00	태권도

① 한국문화교실은 주말에만 합니다.
② 김치 만들기는 오전에 합니다.
③ 한복 체험은 세 시에 시작합니다.
④ 태권도는 오후 6시에 시작합니다.

공식

실용문에 나타난 단어, 숫자를 파악하고 선택지의 문장과 비교하세요.

Grasp words or numbers in the practical texts and compare with words or numbers shown in the options.

掌握实用文出现的词语、数字和与选项中的句子作比较。

정답

① 한국문화교실은 주말에만 합니다. ☞ 토요일, 일요일
② 김치 만들기는 오전에 합니다. ☞ 10 : 00~12 : 00
③ 한복 체험은 세 시에 시작합니다. ☞ 한복 체험은 14시부터 16시까지 할 수 있습니다.
④ 태권도는 오후 6시에 시작합니다. ☞ 18 : 00~20 : 00

답 ③

어휘

문화   김치   만들기   한복   체험   태권도

TOPIK I

연습문제 02

다음을 읽고 맞지 <u>않는</u> 것을 고르십시오.

서울 빌딩 안내도

4층	카페
3층	병원
2층	서점
1층	슈퍼마켓
지하 1층	주차장

① 서울 빌딩에는 차를 주차할 수 있습니다.
② 우유와 과자는 1층에서 살 수 있습니다.
③ 책은 2층에서 살 수 있습니다.
④ 간호사는 4층에서 일합니다.

공식

실용문에 나타난 단어, 숫자를 파악하고 선택지의 문장과 비교하세요.

Grasp words or numbers in the practical texts and compare with words or numbers shown in the options.

掌握实用文出现的词语、数字和与选项中的句子作比较。

정답

① 서울 빌딩에는 차를 주차할 수 있습니다. ☞ 지하 1층 : 주차장
② 우유와 과자는 1층에서 살 수 있습니다. ☞ 1층 : 슈퍼마켓
③ 책은 2층에서 살 수 있습니다. ☞ 2층 : 서점
④ 간호사는 4층에서 일합니다. ☞ 간호사는 병원에서 일하기 때문에 3층에서 일합니다.

답 ④

어휘

안내도   층   주차장   슈퍼마켓   서점   병원   카페

유형 **4** PART.2 읽기 영역

내용과 같은 것 고르기

공식 5 참고

'내용과 같은 것 고르기' 유형입니다.
각 문장들은 서로 관련이 있는 내용입니다. 이 문장들을 읽고 글의 세부 내용과 같은 것을 선택지에서 고르는 문제입니다.

This type of question is the 'Select the same content'.
The contents of each sentence are related to each other. After you read these sentences, select the option of the same content in details.

这题型是 '选择相同内容'。
每个句子的内容都是彼此有关联的。在阅读这些句子后，选择与细节内容相同的选项。

풀이비법 · TIPS · 解题技巧

1. 먼저 세 개의 짧은 문장을 읽으세요.
2. 각 문장에 등장하는 핵심어에 밑줄을 그으세요.
3. 문장에서 밑줄 친 내용을 선택지에서 확인하세요.
4. 각 문장의 내용과 같은 선택지를 선택하세요.

---

1. Read three short sentences first.
2. Underline the key words in each sentence.
3. Check the contents of the options underline the key words.
4. Choose the option that match the contents of each sentence.

---

1. 阅读所有短句子。
2. 在各句子的核心语下划上底线。
3. 检查选项的内容和在核心语下划上底线。
4. 于选项中选出一个与内容最匹配的句子。

TOPIK I

> **공식 5**　내용과 같은 것 고르기

다음을 읽고 내용이 같은 것을 고르십시오.

> 오늘은 동생의 생일입니다. 그래서 가족과 함께 식당에 가서 식사를 했습니다. 저는 동생에게 책을 사 주었습니다.

① 동생은 생일 선물을 받았습니다.
② 동생은 오늘 책을 샀습니다.
③ 저는 친구들과 식당에 갔습니다.
④ 저는 쇼핑하고 가족과 식사를 했습니다.

공식

선택지는 문장의 내용을 재구성한 것이므로 문장에 나타난 핵심어를 선택지의 문장과 비교하세요.
Since the options are reorganized the contents of the sentence, compare the key words appeared between sentences and options.
这选择题是句子重组，因此需要把句子出现的核心语和选项作比较。

각 문장	시간	장소	사람	물건	행위	이유	느낌
each sentence	time	place	people	things	action	reason	feeling
各句子	时间	场所	人	物件	行动	理由	感觉

정답

오늘은 동생의 생일입니다. 그래서 저는 동생에게 생일 선물로 책을 사 주었습니다.

답 ①

어휘

동생　생일　그래서　가족　함께　식당　사다　주다

유형 4

공식 적용하기

다음을 읽고 내용이 같은 것을 고르십시오.

> 오늘은 **동생의 생일**입니다. 그래서 가족과 함께 식당에 가서 식사를 했습니다. 저는 동생에게 **책을 사 주었습니다**.
> Today is my brother's birthday. So we went to restaurant and had a dinner with my family. I presented a book as a gift to my brother.
> 今天是我弟弟的生日，所以我们去了餐厅吃饭庆祝。我买了一本书送给弟弟。

각 문장	시간	사람	장소	물건	행위	이유
문장 1	오늘은	동생의				생일입니다.
문장 2		가족과	식당에		가서	
				식사를	했습니다.	
문장 3		저는 동생에게		책을	사 주었습니다.	

① **동생은 생일 선물을 받았습니다.**

② 동생은 오늘 책을 샀습니다.
☞ 저는

③ 저는 **친구들과** 식당에 갔습니다.
☞ 가족

④ 저는 **쇼핑하고** 가족과 식사를 했습니다.
☞ 알 수 없는 내용입니다.

TIP

각 문장의 세부 내용을 정리하세요. 각 문장에서 시간, 장소, 사람, 물건, 행위, 이유, 느낌을 확인하세요.

Please organize the details in each sentence. Check the words relating to time, places, people, things, action, reason, feeling in the sentence.

请整理各句子的详细内容。检查句子中的词语如时间、场所、人、物件、行动、理由、感觉。

TOPIK I

연습문제 01

다음을 읽고 내용이 같은 것을 고르십시오.

> 저는 주말에 친구들과 산에 갑니다. 친구들과 이야기도 하고 김밥도 먹습니다. 그러면 기분이 좋고 즐겁습니다.

① 저는 친구들과 산에 자주 갑니다.
② 저는 기분이 좋을 때 산에 갑니다.
③ 저는 산에서 혼자 김밥을 먹습니다.
④ 친구들과 산에 가면 즐겁습니다.

공식

선택지는 문장의 내용을 재구성한 것이므로 문장에 나타난 핵심어를 선택지의 문장과 비교하세요.

Since the options are reorganized the contents of the sentence, compare the key words appeared between sentences and options.

这选择题是句子重组，因此需要把句子出现的核心语和选项作比较。

각 문장	시간	장소	사람	물건	행위	느낌
문장 1	주말에	산에	저는 / 친구들과		갑니다.	
문장 2			친구들과	김밥도	먹습니다.	
					이야기도 하고	
문장 3						기분이 좋고
						즐겁습니다.

정답

① 저는 친구들과 산에 자주 갑니다. ☞ 주말에

② 저는 기분이 좋을 때 산에 갑니다. ☞ 산에 가면 기분이 좋습니다.

③ 저는 산에서 혼자 김밥을 먹습니다. ☞ 친구들과

④ 친구들과 산에 가면 즐겁습니다.
　　☞ 저는 주말에 친구들과 산에 갑니다. 그러면 기분이 좋고 즐겁습니다.

답 ④

어휘

주말　산　친구　이야기　김밥　그러면　기분　좋다　즐겁다

유형 4

연습문제 02

다음을 읽고 내용이 같은 것을 고르십시오.

> 저는 어제 영화를 봤습니다. 그 영화가 재미있어서 동생에게 표 두 장을 사 주었습니다. 동생은 내일 여자 친구와 영화를 보러 갈 겁니다.

① 동생은 영화표를 샀습니다.
② 어제 내가 본 영화는 재미있었습니다.
③ 나는 내일 영화를 볼 것입니다.
④ 저는 여자 친구가 있습니다.

공식

선택지는 문장의 내용을 재구성한 것이므로 문장에 나타난 핵심어를 선택지의 문장과 비교하세요.

Since the options are reorganized the contents of the sentence, compare the key words appeared between sentences and options.

这选择题是句子重组，因此需要把句子出现的核心语和选项作比较。

각 문장	시간	사람	물건	행위	이유
문장 1	어제	저는	영화를	봤습니다.	
문장 2			그 영화가		재미있어서
		동생에게	표 두 장을	사 주었습니다.	
문장 3	내일	동생은	영화를	보러 갈 겁니다.	
		여자 친구와			

정답

① 동생은 영화표를 샀습니다. ☞ 저는
② 어제 내가 본 영화는 재미있었습니다. ☞ 그 영화가 재미있어서 동생에게 표 두 장을 사 주었습니다.
③ 나는 내일 영화를 볼 것입니다. ☞ 동생은
④ 저는 여자 친구가 있습니다. ☞ 동생은

답 ②

어휘

영화   보다   재미있다   표   여자 친구

유형 5 중심 생각 고르기

PART.2 읽기 영역

공식 6 참고

'중심 생각 고르기' 유형입니다.
세 개의 짧은 문장을 읽고 선택지에서 중심 생각을 고르는 문제입니다.

This type of question is 'Select the main idea'.
Read three short sentences and find the main idea in the options.

这题型是'选择中心思想'。
阅读三个短句子和在选项中找出中心思想。

풀이비법 • TIPS • 解題技巧

1. 선택지를 읽으세요.

2. 세 문장을 읽고 핵심어를 확인하세요.

3. 문장들의 의미를 이해하고 전체 문장들의 내용을 파악하세요.

4. 중심 생각을 결정하고 정답을 고르세요.

---

1. Read all the options.

2. Read three sentences and identify the key words from them.

3. Understand the meaning of the sentences and grasp the contents of the entire sentence.

4. Decide the main idea and select the correct option.

---

1. 阅读选项。

2. 阅读三个句子并确认其中的核心语。

3. 理解句子的意思和掌握全部句子的内容。

4. 决定中心思想并选择正确的选项。

유형 5

공식 6 중심 생각 고르기

다음을 읽고 중심 내용을 고르십시오.

> 저는 어제 학교 근처로 이사를 했습니다. 친구들이 이사를 도와주었습니다. 그래서 친구들에게 점심을 사 주었습니다.

① 저는 친구들과 점심을 먹었습니다.
② 저는 친구들과 이사를 했습니다.
③ 저는 친구들이 고마웠습니다.
④ 저는 학교 근처로 이사했습니다.

공식

세 문장들은 하나의 주제를 설명합니다. 이 문장들을 중심 내용과 세부 내용으로 나눠보세요. 세 문장 전체를 요약한 것이 중심 생각입니다. 세부 내용만 설명한 것과 새로운 정보는 정답이 아닙니다.

Three sentences together are discussing the same main idea. Please distinguish between main contents and detailed contents. Main idea is a summary of three sentences. So detailed contents and new information are not main idea.

三个句子一起说明一个主题。请区分中心内容和详细内容。中心思想是三个句子的摘要。所以只说明详细内容和新的资料都不是正确答案。

정답

세 문장 전체를 요약해야 합니다.
친구들이 이사를 도와주어서 점심을 사 주었으므로 친구들에게 고마움을 표현한 것입니다.

답 ③

어휘

근처 이사 친구 도와주다 점심

TOPIK I

> **공식 적용하기**

다음을 읽고 중심 내용을 고르십시오.

저는 어제 학교 근처로 이사를 했습니다.
친구들이 이사를 도와주었습니다.
그래서 친구들에게 점심을 사 주었습니다.
I moved to a place near my school yesterday.
My friends helped me to move.
So I picked up lunch for my friends.
昨天我搬到了学校的附近。
朋友们来帮我搬家。
所以我请了朋友们吃午餐。

저는 어제 학교 근처로 이사를 했습니다. → ④	세부 내용	중심 생각
친구들이 이사를 도와주었습니다. → ②	Detailed contents	main idea 中心思想
그래서 친구들에게 점심을 사 주었습니다. → ①	详细内容	→ ③

① 저는 친구들과 점심을 먹었습니다. ☞ 세부 내용
② 저는 친구들과 이사를 했습니다. ☞ 세부 내용
③ **저는 친구들이 고마웠습니다.** ☞ 중심 생각
④ 저는 학교 근처로 이사했습니다. ☞ 세부 내용

유형 5

연습문제 01

다음을 읽고 중심 내용을 고르십시오.

> 저는 한옥에 관심이 많습니다. 오래된 전통 한옥의 멋과 분위기를 좋아합니다. 그래서 주말에는 한옥 마을에 갑니다.

① 저는 한옥의 멋을 좋아합니다.
② 저는 전통 한옥을 좋아합니다.
③ 저는 주말에 한옥 마을에 갑니다.
④ 저는 한옥의 분위기를 좋아합니다

공식

세 문장들은 하나의 주제를 설명합니다. 이 문장들을 중심 내용과 세부 내용으로 나눠보세요. 세 문장 전체를 요약한 것이 중심 생각입니다. 세부 내용만 설명한 것과 새로운 정보는 정답이 아닙니다.

Three sentences together are discussing the same main idea. Please distinguish between main contents and detailed contents. Main idea is a summary of three sentences. So detailed contents and new information are not main idea.

三个句子一起说明一个主题。请区分中心内容和详细内容。中心思想是三个句子的摘要。所以只说明详细内容和新的资料都不是正确答案。

저는 한옥에 관심이 많습니다. → ②	중심 내용	중심 생각
오래된 전통 한옥의 멋과 분위기를 좋아합니다. → ①, ④	세부 내용	→ ②
그래서 주말에는 한옥 마을에 갑니다. → ③	세부 내용	

> **정답**

① 저는 한옥의 멋을 좋아합니다. ☞ 세부 내용
② 저는 전통 한옥을 좋아합니다.
　　☞ 한옥에 관심이 많고 한옥의 멋과 분위기를 좋아하기 때문에 전통 한옥을 좋아합니다.
③ 저는 주말에 한옥 마을에 갑니다. ☞ 세부 내용
④ 저는 한옥의 분위기를 좋아합니다. ☞ 세부 내용

답 ②

> **어휘**

한옥　　관심　　많다　　오래되다　　전통　　멋　　분위기　　그래서　　마을

연습문제 02

다음을 읽고 중심 내용을 고르십시오.

> 저는 사진 찍기가 취미입니다. 산과 바다에 가서 아름다운 풍경을 찍습니다. 이번 주 주말에는 친구들과 남산에 갑니다.

① 저는 사진을 배웁니다.
② 저는 산과 바다의 풍경을 찍습니다.
③ 저는 친구들과 남산에 갑니다.
④ 저는 사진 찍기를 좋아합니다.

공식

세 문장들은 하나의 주제를 설명합니다. 이 문장들을 중심 내용과 세부 내용으로 나눠보세요. 세 문장 전체를 요약한 것이 중심 생각입니다. 세부 내용만 설명한 것과 새로운 정보는 정답이 아닙니다.

Three sentences together are discussing the same main idea. Please distinguish between main contents and detailed contents. Main idea is a summary of three sentences. So detailed contents and new information are not main idea.

三个句子一起说明一个主题。请区分中心内容和详细内容。中心思想是三个句子的摘要。所以只说明详细内容和新的资料都不是正确答案。

		중심 생각
저는 사진 찍기가 취미입니다. → ④	중심 내용	→ ④
산과 바다에 가서 아름다운 풍경을 찍습니다. → ②	세부 내용	
이번 주 주말에는 친구들과 남산에 갑니다. → ③	세부 내용	

정답

① 저는 사진을 배웁니다. ☞ 관련없는 내용
② 저는 산과 바다의 풍경을 찍습니다. ☞ 세부 내용
③ 저는 친구들과 남산에 갑니다. ☞ 세부 내용
④ 저는 사진 찍기를 좋아합니다.
   ☞ 사진 찍기가 취미이고, 산과 바다에 가서 아름다운 풍경을 찍고, 이번 주 주말에는 남산에 가기로 했다고 했으므로 사진 찍기를 좋아한다는 것이 중심 생각입니다.

답 ④

어휘

사진   찍다   취미   아름답다   풍경   이번 주

| 유 형 | **6** | PART.2 읽기 영역
지문을 읽고 두 문제에 답하기(1) |

공식 7~10 참고

'지문을 읽고 두 문제에 답하기' 유형입니다.
긴 지문을 읽고 지문의 세부 내용을 묻는 두 문제에 답하는 문제입니다.

This type of question is the 'Read the text and answer two questions'.
Read the text and answer two questions about the details of the text.

这题型是'阅读文本并回答两个问题'。
这种题型需要先听一段长对话，然后回答有关对话细节的两个问题。

문제 유형 The type of question 问题题型	
문제 1 Question 1 问题 1	문제 2 Question 2 问题 2
빈칸에 들어갈 어구 고르기 Select the phrase for the blank 选择语句填充 (1) 문법 Korean grammar 韩语语法 (2) 접속부사 Conjunctive adverbs 连接副词 (3) 부사 Adverbs 副词	세부 내용 파악하기 Understand the detailed contents 掌握详细内容
화제 파악하기 Understand the topic 选择话题	

풀이비법 · TIPS · 解题技巧

1. 지문을 읽기 전에 문제와 선택지를 읽으세요.
   (1) 문제를 읽고 유형을 확인하세요.
      각 지문은 두 개의 문제로 이루어집니다. '빈칸에 들어갈 어구 고르기'와 '세부 내용 파악하기' 또는 '화제 파악하기'입니다.
   (2) 선택지를 읽고 명사, 동사, 형용사, 부사에 밑줄을 그으세요.

2. 전체 지문을 읽고 핵심어에 밑줄을 그으세요.
   (1) 이 유형의 일부 문제에서는 선택지에서 밑줄 친 정보가 지문에서 다른 말로 표현될 수 있습니다. 따라서 동의어나 다른 말로 바꾸어 표현한 것을 잘 읽어야 합니다. 지문을 읽을 때에는 같은 의미로 쓰인 다른 단어나 표현에 주의하세요.
   (2) 선택지에서 밑줄 친 핵심 단어를 자세하게 표현한 정보에 주의하세요.
   (3) 접속부사나 한국어 문법을 이용하여 구체적인 정보를 확인하세요.

3. 선택지에서 정답을 선택하세요.

1. Read the questions and options before reading the text.
   (1) Read the question and check the type of question.
      Each text consists of two questions. One is 'Select the phrase for the blank' and the other is 'Understand the detailed contents' or 'Understand the topic'.
   (2) Read the options and underline nouns, verbs, adjectives, adverbs.
2. Read the entire of text and underline key words.
   (1) In some questions in this type, the information that you underline in the options will be expressed in the different words in a text. You will need to read synonyms and paraphrasing.
      When you read, pay close attention to different words and expressions with the same meaning.
   (2) When you have identified key words in the options, read carefully for more detailed information.
   (3) Identify specific information by suing the conjunctive aderbs and Korean grammar.
3. Choose one correct answer out of four possible options.

1. 在阅读文本前，先阅读问题和选项。
   (1) 阅读问题并确认问题的题型。
      每个文本包含两个问题。第一个问题是'选择语句填充'，第二个问题是'掌握详细内容'或是'选择话题'。
   (2) 阅读选项和在名词、动词、形容词、副词下划上底线。
2. 阅读整个文本并在核心语下划上底线。
   (1) 这题型的某部分问题，你在选项中划下底线的信息将在文本用不同的词语来表达，所以你需要阅读同义词和重述。当你阅读时，请密切注意意思相同的不同词语表达。
   (2) 确认选项中划线的核心语，小心阅读文本里详细的资料。
   (3) 使用连接副词和韩语语法来确认具体的资料。
3. 在四个选项中选出一个正确的答案。

공식 7 | 빈칸에 들어갈 어구(문법) 고르기(1) + 세부 내용 파악하기

다음을 읽고 물음에 답하십시오.

우리 동네에는 전통 시장이 있습니다. 저는 매주 일요일에 전통 시장에 갑니다. 그곳에 가면 신선한 과일과 채소를 싸게 살 수 있고 다양한 물건도 구경할 수 있습니다. 또 손님을 (㉠) 이웃이라는 느낌이 듭니다. 그래서 저는 앞으로 전통 시장에 자주 갈 것입니다.

문제 1 ㉠에 들어갈 말로 가장 알맞은 것을 고르십시오.
① 편하게 해 주어서
② 지루하게 해 주어서
③ 피곤하게 해 주어서
④ 화려하게 해 주어서

문제 2 윗글의 내용과 같은 것을 고르십시오.
① 우리 동네에는 전통 시장이 많습니다.
② 저는 매일 전통 시장에 갑니다.
③ 전통 시장의 과일과 채소는 쌉니다.
④ 전통 시장은 물건이 다양하지 않습니다.

TOPIK I

> 공식

■문제 1■ 한국어 문법 이용하기 Using Korean grammar 使用韩语语法

빈칸 앞뒤의 문장을 읽고 빈칸에 들어갈 내용을 찾으세요. 한국어 문법은 232쪽을 참고하세요.

Find the appropriate content to fill in the blank after reading the sentences before and after the blank. For Korean grammar please refer to page 232.

细阅填充空白地方的前后句子，找出相应的内容把它填上。韩语语法请参考232页。

■문제 2■ 세부 내용 파악하기 Understand the detailed contents 掌握详细内容

1. 지문에 직접 제시된 사실 정보를 확인하고 선택지를 확인하세요.
2. 세부 내용에 대한 잘못된 정보나 새로운 정보는 지우세요.

1. Identify factual information that is stated directly in the text and check the options.
2. Delete the false information and new information.

1. 确认文本直接提到的事实资料和确认选项。
2. 删除虚假资料和新的资料。

> 정답

■문제 1■ ㉠에 들어갈 말로 가장 알맞은 것을 고르십시오.

이웃이라는 느낌이 드는 이유는 손님을 편하게 해 주기 때문입니다. 따라서 '편하게 해 주어서'가 정답입니다. '-어서'는 앞말이 뒷말의 원인이나 이유가 됨을 나타냅니다.

답 ①

■문제 2■ 윗글의 내용과 같은 것을 고르십시오.

'신선한 과일과 채소를 싸게 살 수 있고'라는 부분이 힌트입니다.

답 ③

> 어휘

우리	동네	전통	시장	매주	신선하다	과일
채소	싸다	다양하다	구경하다	물건	손님	편하다
이웃	느낌	앞으로	자주			

유형 6

공식 적용하기

다음을 읽고 물음에 답하십시오.

우리 동네에는 전통 시장이 있습니다. 저는 매주 일요일에 전통 시장에 갑니다. 그곳에 가면 신선한 과일과 채소를 싸게 살 수 있고 다양한 물건도 구경할 수 있습니다. 또 손님을 (㉠ 편하게 해 주어서) 이웃이라는 느낌이 듭니다. 그래서 저는 앞으로 전통 시장에 자주 갈 것입니다.

There is a traditional market near our neighborhood. I go to this traditional market every Sunday. If you go there, you can buy fresh fruits and vegetables cheaply. Also you will see all sorts of things. In addition, guests can feel like a comfortable neighborhood. So I'll often go to the traditional market.

我住的地方附近有传统市场。每个星期天我都会去这个传统市场。在那里可以买到便宜又新鲜的水果和蔬菜，还可以看到各种各样的东西。商贩像对待邻居一样对待客人，让人感觉很舒服。所以我以后也会经常去传统市场。

앞 내용 previous information 前面内容	빈칸 blank 空白地方	뒤 내용 following information 后面内容
손님을	(편하게 해 주어서)	이웃이라는 느낌이 듭니다.

문제 1 ㉠에 들어갈 말로 가장 알맞은 것을 고르십시오.
① 편하게 해 주어서
② 지루하게 해 주어서
③ 피곤하게 해 주어서
④ 화려하게 해 주어서

TIP

-아서, -어서, -여서 : 앞의 내용이 원인 또는 이유임을 표시한다.
It marks that the previous content is the cause or reason.
它表示前面内容是原因或理由。

문제 2 윗글의 내용과 같은 것을 고르십시오.
① 우리 동네에는 전통 시장이 많습니다. ☞ 있습니다
② 저는 매일 전통 시장에 갑니다. ☞ 매주 일요일에
③ 전통 시장의 과일과 채소는 쌉니다.
④ 전통 시장은 물건이 다양하지 않습니다. ☞ 다양합니다

TIP

지문과 선택지의 내용을 비교해 보세요.
Compare the instructions with the contents of the text.
试比较原文的内容。

TOPIK I

연습문제 01

다음을 읽고 물음에 답하십시오.

> 편의점은 다양한 물건을 파는 곳입니다. 편의점은 슈퍼마켓보다 상품 가격이 조금 더 비쌉니다. 하지만 늦은 시간에도 이용할 수 있어서 편리합니다. 그리고 편의점에서는 약을 살 수 있습니다. 늦은 밤에 갑자기 아파서 약이 필요할 때 (㉠) 안전하게 약을 살 수 있습니다.

문제 1 ㉠에 들어갈 말로 가장 알맞은 것을 고르십시오.
① 편의점에 가면　　　② 편의점에 가고
③ 편의점에 가지만　　④ 편의점에 가니까

문제 2 윗글의 내용과 같은 것을 고르십시오.
① 편의점은 슈퍼마켓보다 상품 가격이 쌉니다.
② 슈퍼마켓은 늦은 시간에도 이용할 수 있습니다.
③ 늦은 시간에는 편의점에서 약을 살 수 있습니다.
④ 편의점은 저녁 9시에 닫습니다.

공식

문제 1

빈칸 앞뒤의 문장을 읽고 빈칸에 들어갈 내용을 찾으세요.

Find the appropriate content to fill in the blank after reading the sentences before and after the blank.

细阅填充空白地方的前后句子，找出相应的内容把它填上。

앞 내용	빈칸	뒤 내용
previous information	blank	following information
前面内容	空白地方	后面内容
약이 필요할 때	(편의점에 가면)	약을 살 수 있습니다.

문제 2

1. 지문에 직접 제시된 사실 정보를 확인하고 선택지를 확인하세요.
2. 세부 내용에 대한 잘못된 정보나 새로운 정보는 지우세요.

유형 6

1. Identify factual information that is stated directly in the text and check the options.
2. Delete the false information and new information.
1. 确认文本直接提到的事实资料和确认选项。
2. 删除虚假资料和新的资料。

지문의 내용 Contents of Text 文本的内容	⇨	선택지의 내용 Contents of Options 选项的内容
편의점은 늦은 시간에도 이용할 수 있고 약을 살 수 있습니다.		늦은 시간에는 편의점에서 약을 살 수 있습니다.

정 답

▌문제 1 ▌ ㉠에 들어갈 말로 가장 알맞은 것을 고르십시오.

그리고 편의점에서는 약을 살 수 있습니다. 늦은 밤에 갑자기 아파서 약이 필요할 때 (㉠) 안전하게 약을 살 수 있습니다.

☞ 앞의 내용이 조건이므로 '–(으)면'을 이용한 '편의점에 가면'이 정답입니다.

–(으)면 : 앞의 내용이 조건임을 표시한다.
It marks that the previous contents is the condition.
它表示前面内容是条件。

답 ①

▌문제 2 ▌ 윗글의 내용과 같은 것을 고르십시오.
① 편의점은 슈퍼마켓보다 상품 가격이 쌉니다. ☞ 비쌉니다.
② 슈퍼마켓은 늦은 시간에도 이용할 수 있습니다. ☞ 편의점
③ 늦은 시간에는 편의점에서 약을 살 수 있습니다.
　　☞ 편의점은 늦은 시간에도 이용할 수 있고 약을 살 수 있습니다.
④ 편의점은 저녁 9시에 닫습니다. ☞ 늦은 시간에도 이용할 수 있어서

답 ③

어 휘

편의점　팔다　슈퍼마켓　보다　상품　가격　조금　더　늦다
이용하다　편리하다

TOPIK I

연습문제 02

다음을 읽고 물음에 답하십시오.

> 자전거를 타고 작은 섬들을 여행하는 '작은 섬 여행'이 있습니다. '작은 섬 여행'은 섬들의 바닷가 옆 도로를 자전거로 달리면서 푸른 바다를 만나는 여행입니다. 모두 세 개의 (㉠) 각각의 섬에서는 다양한 대회도 함께 열립니다. 첫 번째 섬에서는 낚시 대회가 열리고 두 번째 섬에서는 요리 대회가 열립니다. 그리고 마지막 섬에서는 노래 대회가 열립니다.

문제 1 ㉠에 들어갈 말로 가장 알맞은 것을 고르십시오.
① 섬을 여행하면 ② 섬을 여행하고
③ 섬을 여행하는데 ④ 섬을 여행해서

문제 2 윗글의 내용과 같은 것을 고르십시오.
① 자전거로 큰 섬을 여행합니다.
② 자전거로 바닷가 옆 도로를 달립니다.
③ 낚시 대회는 요리 대회보다 늦게 열립니다.
④ 마지막 섬에서는 낚시 대회가 열립니다.

공식

문제 1

빈칸 앞뒤의 문장을 읽고 빈칸에 들어갈 내용을 찾으세요.

Find the appropriate content to fill in the blank after reading the sentences before and after the blank.
细阅填充空白地方的前后句子，找出相应的内容把它填上。

앞 내용 previous information 前面内容	빈칸 blank 空白地方	뒤 내용 following information 后面内容
모두 세 개의	(섬을 여행하는데)	다양한 대회도 함께 열립니다.

문제 2

1. 지문에 직접 제시된 사실 정보를 확인하고 선택지를 확인하세요.
2. 세부 내용에 대한 잘못된 정보나 새로운 정보는 지우세요.

유형 6

1. Identify factual information that is stated directly in the text and check the options.
2. Delete the false information and new information.
1. 确认文本直接提到的事实资料和确认选项。
2. 删除虚假资料和新的资料。

지문의 내용 Contents of Text 文本的内容	⇨	선택지의 내용 Contents of Options 选项的内容
바닷가 옆 도로를 자전거로 달리면서		자전거로 바닷가 옆 도로를 달립니다.

정답

문제 1 ㉠에 들어갈 말로 가장 알맞은 것을 고르십시오.

'작은 섬 여행'은 섬들의 바닷가 옆 도로를 자전거로 달리면서 푸른 바다를 만나는 여행입니다. 모두 세 개의 (㉠) 각각의 섬에서는 다양한 대회도 함께 열립니다.

☞ 앞 문장이 뒤 문장의 배경이 되므로 '-는데'를 이용한 '섬을 여행하는데'가 정답입니다.

-는데 : 앞 문장은 뒤 문장의 배경을 의미한다.
The previous sentence means the background of the next sentence.
前面句子是后面句子的背景。

답 ③

문제 2 윗글의 내용과 같은 것을 고르십시오.

① 자전거로 큰 섬을 여행합니다. ☞ 작은 섬
② 자전거로 바닷가 옆 도로를 달립니다.
　☞ 바닷가 옆 도로를 자전거로 달리면서 푸른 바다를 만나는 여행입니다.
③ 낚시 대회는 요리 대회보다 늦게 열립니다. ☞ 먼저
④ 마지막 섬에서는 낚시 대회가 열립니다. ☞ 노래

답 ②

어휘

자전거　　타다　　섬　　여행　　도로　　푸르다　　각각
다양하다　　대회　　열리다　　낚시

219

TOPIK I

공식 8   빈칸에 들어갈 어구(접속부사) 고르기(2)

다음을 읽고 물음에 답하십시오.

> 더운 여름 날 고궁이나 명동 거리 등을 다니는 것은 쉽지 않습니다. (㉠) 서울에는 시원하게 휴가를 즐길 수 있는 곳들이 있습니다. 낮에는 시원한 미술관이나 박물관에서 시간을 보내고 밤에는 한강에서 시원하게 맥주를 마실 수 있습니다. 서울은 낮에도 밤에도 심심하지 않습니다.

㉠에 들어갈 말로 가장 알맞은 것을 고르십시오.
① 하지만　　　　　　　② 그래서
③ 그러면　　　　　　　④ 그리고

공식

빈칸 앞뒤의 문장을 읽고 빈칸에 들어갈 적절한 접속부사를 찾으세요. 235쪽을 참고하세요.

Find the appropriate conjunction adverb to fill in the blank by reading the sentences before and after the blank. Please refer to page 235.

细阅填充空白地方的前后句子，找出相应的内容把它填上。请参考235页。

정답

더운 여름에 야외 관광지를 다니는 것은 쉽지 않다는 내용을 인정하면서도 무더위를 피하면서 즐거운 휴가를 보낼 수 있다는 반대 내용이 있으므로 '하지만'이 정답입니다.

하지만 : 앞의 내용을 인정하면서 반대 관계임을 표시한다.

It means that the previous sentence and the next sentence are the opposite relationship while admitting the previous contents.

它表示前面句子和后面句子是相反关系的。

답 ①

어휘

| 덥다 | 고궁 | 거리 | 다니다 | 쉽다 | 시원하다 | 휴가 |
| 즐기다 | 미술관 | 박물관 | 시간 | 보내다 | 맥주 | 심심하다 |

유형 6

> **공식 적용하기**

㉠에 들어갈 말로 가장 알맞은 것을 고르십시오.

더운 여름 날 고궁이나 명동 거리 등을 다니는 것은 쉽지 않습니다. (㉠ 하지만) 서울에는 시원하게 휴가를 즐길 수 있는 곳들이 있습니다. 낮에는 시원한 미술관이나 박물관에서 시간을 보내고 밤에는 한강에서 시원하게 맥주를 마실 수 있습니다. 서울은 낮에도 밤에도 심심하지 않습니다.

It is a hot summer day, visiting palaces or Myeong-dong Street are not easy. But there is cool place to enjoy your holiday in Seoul. During the day, you can spend time in the cool art galleries and museums. You can drink beer in Han River at night. You will not be bored in Seoul during the day even at night.

炎炎的夏日,在明洞逛街或参观故宫都不是容易的事儿。不过首尔有不少地方可以让人享受一个清凉的假期。白天,你可以在凉快的美术馆或博物馆打发时间,晚上就在汉江附近喝冰凉的啤酒。所以在首尔无论昼夜,你都不会感觉无聊。

> 앞 문장과 뒤 문장이 반대 관계임을 의미한다.
> It means that the previous sentence and the next sentence are the opposite relationship.
> 它表示前面句子和后面句子是相反关系的。
>
> | 앞 내용
previous information
前面内容 | 접속부사
conjunctive adverbs
连接副词 | 뒤 내용
following information
后面内容 |
> |---|---|---|
> | 더운 여름 날 | (하지만) | 시원하게 휴가를 즐길 수 있는 곳 |

① 하지만   ② 그래서
③ 그러면   ④ 그리고

TOPIK I

연습문제 01

㉠에 들어갈 말로 가장 알맞은 것을 고르십시오.

> 수영은 나이에 관계없이 누구나 즐길 수 있는 운동입니다. (㉠) 수영은 날씨와 관계없이 항상 할 수 있는 운동입니다. 그래서 저는 퇴근하고 집 근처에 있는 수영장에 갑니다. 퇴근 후에 수영을 하면 스트레스도 없어지고 기분이 좋습니다. 그런데 수영을 하기 전에는 반드시 준비 운동을 해야 합니다. 왜냐하면 갑자기 물에 들어가면 심장에 나쁘기 때문입니다.

① 하지만 　　　　　　② 그래서
③ 그리고 　　　　　　④ 그러니까

공식

빈칸 앞뒤의 문장을 읽고 빈칸에 들어갈 적절한 접속부사를 찾으세요.

Find the appropriate conjunction adverb to fill in the blank by reading the sentences before and after the blank.

细阅填充空白地方的前后句子，找出相应的内容把它填上。

앞 내용	접속부사	뒤 내용
previous information	conjunction adverbs	following information
前面内容	连接副词	后面内容
누구나 즐길 수 있는 운동	(그리고)	날씨와 관계없이 항상 할 수 있는 운동

정답

수영이 누구나 즐길 수 있는 운동이고 날씨와 관계없이 항상 할 수 있는 운동이라는 내용을 병렬적으로 연결하므로 '그리고'가 정답입니다.

그리고 : 단어, 구, 절, 문장을 병렬적으로 연결할 때 사용합니다.

It is used to connect words, phrases, clauses and sentences.

它是使用连接单词、短语、从句和句子。

답 ③

어휘

| 수영 | 나이 | 관계 | 누구나 | 즐기다 | 항상 | 퇴근하다 | 스트레스 |
| 기분 | 반드시 | 준비 | 갑자기 | 들어가다 | 심장 | | |

유형 6

연습문제 02

㉠에 들어갈 말로 가장 알맞은 것을 고르십시오.

> 한복은 명절이나 특별한 날에 입는 옷이어서 불편하다고 생각합니다. 하지만 편하게 입을 수 있는 한복도 많습니다. (㉠) 최근에는 외국인 관광객과 젊은 사람들에게 한복의 인기가 높습니다. 특히 경복궁에 가면 아름다운 한복을 입고 산책하는 외국인이 많습니다.

① 하지만
② 그래서
③ 그리고
④ 그런데

공식

빈칸 앞뒤의 문장을 읽고 빈칸에 들어갈 적절한 접속부사를 찾으세요.

Find the appropriate conjunctive adverb to fill in the blank by reading the sentences before and after the blank.

细阅填充空白地方的前后句子，找出相应的内容把它填上。

앞 내용 previous information 前面内容	접속부사 conjunctive adverbs 连接副词	뒤 내용 following information 后面内容
편하게 입을 수 있는	(그래서)	인기가 높습니다

정답

편하게 입을 수 있는 한복이 많다는 내용은 이유가 되고 한복의 인기가 많다는 내용은 결과가 되므로 '그래서'가 정답입니다.

그래서 : 앞의 내용이 원인 또는 이유임을 표시한다.

It marks that the previous contents is the cause or reason.

它表示前面的内容是原因或理由。

답 ②

어휘

| 한복 | 명절 | 특별하다 | 입다 | 불편하다 | 생각하다 | 외국인 | 관광객 |
| 젊다 | 인기 | 높다 | 경복궁 | 산책하다 | | | |

TOPIK I

공식 9 빈칸에 들어갈 어구(부사) 고르기(3)

다음을 읽고 물음에 답하십시오.

> 스케이트를 탈 때는 안전을 위해 장갑을 끼고 모자를 써야 합니다. 얼음 위를 (㉠) 움직이면 넘어지기 쉽고 크게 다칠 수 있습니다. 그리고 이런 위험을 줄이기 위해서는 스케이트를 타기 전에 안전하게 넘어지는 방법을 먼저 배워야 합니다.

㉠에 들어갈 말로 가장 알맞은 것을 고르십시오.
① 자주
② 빠르게
③ 느리게
④ 일찍

공식

'부사' 이용하기 Using adverbs 使用副词

한국어 문법과 접속부사를 이용하면 문장과 문장의 의미 관계를 이해할 수 있고 빈칸에 알맞은 부사를 찾을 수 있습니다.

If you use a Korean grammar and conjunctive adverbs, you can understand the semantic relation of each santence and find the appropriate adverb with blank.

如果你使用韩语语法和连接副词，你可以理解句子和句子之间的关系并找到填充的合适的副词。

정답

빈칸 앞뒤의 내용을 생각하면 '(㉠) 움직이면'과 '넘어지기 쉽고 크게 다칠 수 있다'는 가정과 결과의 관계입니다.

답 ②

어휘

스케이트	타다	안전	장갑	끼다	모자	쓰다	얼음
위	움직이다	넘어지다	크다	다치다	줄이다	안전하다
먼저	배우다

유형 6

공식 적용하기

㉠에 들어갈 말로 가장 알맞은 것을 고르십시오.

스케이트를 탈 때는 안전을 위해 장갑을 끼고 모자를 써야 합니다. 얼음 위를 (㉠ 빠르게) 움직이면 넘어지기 쉽고 크게 다칠 수 있습니다. 그리고 이런 위험을 줄이기 위해서는 스케이트를 타기 전에 안전하게 넘어지는 방법을 먼저 배워야 합니다.

When you skate, you must wear a hat with gloves for your own safety. It is easy to fall and seriously injured when moving very fast on ice. In order to reduce the risk of injury, you must learn how to fall before skating.

滑冰时为了安全起见，必须戴上手套和帽子。在冰上快速移动时很容易摔倒甚至受重伤，所以为了减低受伤的风险，必须在滑冰前先学会安全摔倒的方法。

앞의 내용이 조건임을 표시한다.
It marks that the previous contents is the condition.
它表示前面的内容是条件。

앞 내용 previous information 前面内容	부사 adverbs 副词	뒤 내용 following information 后面内容
얼음 위를	(빠르게) 움직이면	넘어지기 쉽고 크게 다칠 수 있습니다.
가정, 조건 : ~(으)면		결과

① 자주
② 빠르게
③ 느리게
④ 일찍

TOPIK I

연습문제 01

㉠에 들어갈 말로 가장 알맞은 것을 고르십시오.

> 설날은 새해의 첫날입니다. 그래서 설날 아침에는 일찍 일어나 어른들께 새해 인사를 드립니다. 세배가 끝나면 가족이 (㉠) 모여 떡국을 먹습니다. 떡국은 떡이 흰색인데 이것은 새해 첫날을 깨끗한 마음으로 시작하라는 의미입니다. 설날은 온 가족이 모여 신나게 놀 수 있는 즐겁고 행복한 날입니다.

① 혼자   ② 함께
③ 자주   ④ 조금

공식

빈칸 앞뒤의 문장을 읽고 빈칸에 알맞은 부사를 찾으세요.
Find the appropriate adverb to get into the blank after reading the sentences before and after the blank.
细阅填充空白地方的前后句子，找出相应的内容把它填上。

앞 내용 previous information 前面内容	부사 adverbs 副词	뒤 내용 following information 后面内容
–	가족이 (함께) 모여	떡국을 먹습니다

정답

앞뒤 문장들의 내용을 보면 가족이 모여 떡국을 먹는다고 했으므로 '모여'와 어울릴 수 있는 '함께'가 정답입니다.

답 ②

어휘

설날   새해   모이다   떡국   흰색   깨끗하다   마음   시작하다   신나다
즐겁다   행복하다

연습문제 02

㉠에 들어갈 말로 가장 알맞은 것을 고르십시오.

> 집에 있는 포장된 약의 이름이나 사용 방법을 몰라서 고민할 때가 있습니다. 이때는 인터넷을 이용해 보세요. 다양한 모양과 색을 가진 약의 이름을 인터넷을 이용하면 (㉠) 알 수 있습니다. 그리고 약의 이름을 몰라도 앞 또는 뒤에 적힌 글자, 숫자 또는 모양을 보고 약의 이름이나 사용 방법을 편리하게 찾을 수 있습니다.

① 조금 ② 오래
③ 자주 ④ 쉽게

공식

빈칸 앞뒤의 문장을 읽고 빈칸에 알맞은 부사를 찾으세요.
Find the appropriate adverb to get into the blank after reading the sentences before and after the blank.
细阅填充空白地方的前后句子，找出相应的内容把它填上。

앞 내용 previous information 前面内容	부사 adverbs 副词	뒤 내용 following information 后面内容
인터넷을 이용하면	(쉽게)	알 수 있습니다

정답

앞 문장과 뒤 문장들의 내용을 보면 인터넷을 이용하면 '편리하게' 찾을 수 있다고 했으므로 '쉽게'가 정답입니다.

답 ④

어휘

약 사용 방법 모르다 고민하다 인터넷 이용하다 다양하다
모양 색 글자 숫자 편리하다 찾다

TOPIK I

공식 10 화제 파악하기

다음을 읽고 물음에 답하십시오.

> 저는 맛있는 식당에 가면 꼭 음식 사진을 찍습니다. 음식 사진을 찍을 때는 음식의 재료와 시간, 장소에 따라 다르게 사진을 찍어야 합니다. 저도 처음에는 음식 사진을 잘 찍지 못했습니다. 하지만 다른 사람들이 찍은 사진도 보고 책을 읽으면서 음식 사진을 찍는 방법을 배웠습니다. 그래서 지금은 음식 사진들을 인터넷에 올려서 친구들에게 음식과 음식점에 대해 말해 줍니다.

무엇에 대한 내용인지 맞는 것을 고르십시오.

① 유명한 음식점과 음식　　　　② 음식 사진에 관한 책
③ 음식 사진을 잘 찍는 방법　　④ 맛있는 식당을 찾는 방법

공식

세부 내용과 중심 내용을 구분하세요. 화제는 중심 내용에 나타납니다.
화제와 관계있는 단어들은 지문에서 자주 등장합니다. 이러한 단어들을 보고 화제를 추측할 수 있습니다.

Please distinguish between the detailed contents and main contents.
The topic appears in the main contents.
Words related to the topic in a text will often appear. You can guess the topic through words.

请区分详细内容和中心内容。话题会出现在中心内容。
文本经常出现与话题有关联的词语，你可以透过词语来推测到话题。

정답

'음식 사진'이 자주 등장합니다. 그리고 음식 사진을 찍는 방법에 대해 이야기하고 있습니다.

답 ③

어휘

| 맛있다 | 음식 | 사진 | 찍다 | 재료 | 시간 | 장소 | 다르다 |
| 처음 | 잘 | 하지만 | 배우다 | 말하다 | | | |

공식 적용하기

무엇에 대한 내용인지 맞는 것을 고르십시오.

저는 맛있는 식당에 가면 꼭 음식 사진을 찍습니다. 음식 사진을 찍을 때는 음식의 재료와 시간, 장소에 따라 다르게 사진을 찍어야 합니다. 저도 처음에는 음식 사진을 잘 찍지 못했습니다. 하지만 다른 사람들이 찍은 사진도 보고 책을 읽으면서 음식 사진을 찍는 방법을 배웠습니다. 그래서 지금은 음식 사진들을 인터넷에 올려서 친구들에게 음식과 음식점에 대해 말해 줍니다.

I go to a restaurant which serves delicious food; I must take photos of foods. When you take a photo of foods, you have to use a different taking methods depending on the materials, time and place. At first, I cannot take good food photos. But after looking at photos taken by others and reading books related to photography, I understand how to shoot on now. And I take photos of foods, upload to internet and introduce foods and restaurants to my friends.

我去味道好的餐厅用餐一定会把食物拍下。拍摄食物照片时，根据食材、时间和地点的不同，要用不同的拍摄手法。我最初也拍不好食物照片，不过多看看别人拍的作品和相关书籍，也就学会拍摄这一类照片的方法了。所以现在把拍下的食物照片上载到互联网向明友介绍关于食物和餐厅。

음식 사진을 찍을 때는 음식의 재료와 시간, 장소에 따라 다르게 사진을 찍어야 합니다.	중심 내용 Main contents 中心内容	⇨	화제 Topic 话题
–	세부 내용 Detailed contents 详细内容		

⇨ 음식 사진을 잘 찍는 방법

① 유명한 음식점과 음식 ② 음식 사진에 관한 책
③ **음식 사진을 잘 찍는 방법** ④ 맛있는 식당을 찾는 방법

TOPIK I

연습문제 01

무엇에 대한 내용인지 맞는 것을 고르십시오.

> 일이 힘들 때 우리는 스트레스를 받습니다. 우리는 학교, 직장, 가정에서 스트레스를 많이 받습니다. 그런데 스트레스가 많아지면 병에 걸릴 위험이 높아집니다. 따라서 스트레스를 줄일 수 있는 방법을 생각해야 합니다. 많은 사람들은 운동이 좋다고 말합니다. 적당한 운동을 하면 긴장된 몸이 편해지기 때문입니다.

① 스트레스가 많은 이유　　② 스트레스를 줄이는 방법
③ 스트레스를 줄일 수 있는 곳　　④ 스트레스와 병의 관계

공식

	중심 내용 Main contents 中心内容	
따라서 스트레스를 줄일 수 있는 방법을 생각해야 합니다.		⇨ 화제 Topic 话题
–	세부 내용 Detailed contents 详细内容	

⇨ 스트레스를 줄이는 방법

정답

'스트레스'가 자주 등장합니다. 그리고 스트레스를 줄이는 방법으로 운동이 좋다는 이야기를 하고 있습니다. 따라서 정답은 '스트레스를 줄이는 방법'입니다.

답 ②

어휘

일　힘들다　스트레스　받다　그런데　병　위험　높다　따라서
줄이다　방법　운동　적당하다　긴장　편하다

연습문제 02

무엇에 대한 내용인지 맞는 것을 고르십시오.

> 수박은 더운 여름에 인기가 많은 과일입니다. 그런데 맛있는 수박을 고르는 방법이 있다고 합니다. 어떤 사람들은 수박을 두드려서 나는 소리를 듣습니다. 하지만 더 좋은 방법은 수박의 밑바닥을 보는 것입니다. 밑바닥의 색깔에 노란색이 많으면 맛있는 수박이라고 합니다. 그리고 같은 크기의 수박이라면 더 무거운 수박이 더 맛있는 수박입니다.

① 수박이 맛있는 이유　　　　② 맛있는 수박을 고르는 방법
③ 맛있는 수박을 사는 곳　　　④ 수박과 소리의 관계

공식

	중심 내용 Main contents 中心内容	
그런데 맛있는 수박을 고르는 방법이 있다고 합니다.		화제 Topic 话题
–	세부 내용 Detailed contents 详细内容	

⇨ 맛있는 수박을 고르는 방법

정답

'수박'이 자주 등장합니다. 그리고 맛있는 수박을 고르는 다양한 방법에 대하여 이야기하고 있습니다. 따라서 정답은 '맛있는 수박을 고르는 방법'입니다.

답 ②

어휘

수박	덥다	여름	인기	과일	고르다	방법	어떤
소리	듣다	밑	바닥	보다	노란색	같다	크기
무겁다							

부록

자주 출제되는 문법 표현

1. 동사 + −(으)ㄹ 수 있다 ↔ 동사 + −(으)ㄹ 수 없다

−(으)ㄹ 수 있다	어떤 일에 대한 가능성이나 능력이 있음을 의미한다. It means that there is possibility or ability for something. 它意思是某事情的可能性或能力。
−(으)ㄹ 수 없다	어떤 일에 대한 가능성이나 능력이 없음을 의미한다. It means that there is no possibility or ability for something. 它意思是某事情的不可能和无力。

예 돈 없이도 살 수 있다.
　　We can get along without money.
　　没有钱我们也能生存。

　　나는 아무 일도 할 수 없었다.
　　I couldn't do anything at all.
　　我不能做任何的事情。

2. 동사/형용사 + −고

두 개 이상의 행위, 상태, 사실들이 연결됨을 의미한다.
It means that two or more actions, state or facts are connected.
它指两个或以上的动作，状态或事实都是相联的。

예 우리는 메뉴를 보고 저녁을 주문했습니다.
　　We looked at the menu, and then we ordered dinner.
　　我们看了菜单然后点了晚餐。

3. 동사/형용사 + −지만

앞 문장과 뒤 문장이 반대 관계임을 의미한다.
It means that the previous sentence and the next sentence are the opposite relationship.
这意味着前面句子和后面句子是相反的关系。

예 그녀는 얼굴은 예쁘지만 좋은 가수는 아니다.
　　Even though she is pretty, she is not a good singer.
　　虽然她很漂亮，但她不是一个好歌手。

4. 동사/형용사 + −(으)ㄴ/는데

앞 문장은 뒤 문장의 배경이 된다.
The previous sentence is the background of the next sentence.
前面句子是后面句子的背景。

예 저는 불고기를 좋아하는데 수미 씨는 어떤 음식을 좋아하세요?
　　I like a bulgogi. Sumi, what kind of food do you like?
　　我喜欢烤肉。秀美，你喜欢什么样的食物？

5. 동사/형용사 + −거나

앞 또는 뒤의 것 중에서 하나를 선택할 때 사용한다.
'거나' is to choose one from before or after.
'거나'是选择前或后之一。

예 난 주말에 공부하거나 쇼핑을 해요.
On the weekend, I study or go to shopping.
在周末, 我会去学习或去购物。

6. 명사 + (이)나

앞 또는 뒤의 것 중에서 하나를 선택할 때 사용한다.
'이나' is to choose one from before or after.
'이나'是选择前或后之一。

예 저는 출근할 때 버스나 지하철을 탑니다.
I take either bus or subway to workplace.
我上班时会坐巴士或地铁。

7. 동사/형용사 + −기 때문에

앞의 내용이 원인 또는 이유임을 표시한다.
It marks that the previous contents is the cause or reason.
它表示前面的内容是原因或理由。

예 그의 음악은 항상 재미있고 신나기 때문에 인기를 많이 얻었습니다.
He gained popularity because his music is always enteraining and exciting.
他获得很高的人气是因为他的音乐总是有趣和令人兴奋。

8. 동사/형용사 + −(으)니까

앞의 내용이 원인 또는 이유임을 표시한다.
It marks that the previous contents is the cause or reason.
它表示前面的内容是原因或理由。

예 경치가 좋으니까 기분이 더 좋아졌다.
The scenery was so good that I felt better.
风景是如此的好，我感觉好多了。

9. 동사/형용사 + −아/어서

앞의 내용이 원인 또는 이유임을 표시한다.
It marks that the previous contents is the cause or reason.
它表示前面的内容是原因或理由。

예 나는 기뻐서 눈물이 났다.
I cried for joy.
我喜极而泣。

10. 동사/형용사 + -(으)면

앞의 내용이 조건임을 표시한다.
It marks that the previous contents is the condition.
它表示前面的内容是条件。

예) 나는 커피를 마시면 잠을 못 잔다.
When I drink a cup of coffee, I can't fall asleep.
如果我喝了一杯咖啡，我便无法入睡。

11. 동사/형용사 + -(으)ㄴ/(으)ㄹ/는

뒤에 오는 명사를 수식한다.
It modify the noun that appear after.
它修饰之后出现的名词。

예) 정말 힘든 하루였다.
I had a really tough day.
今天真是非常辛苦的一天。

전망이 좋은 방으로 주세요.
I'd like a room with a view.
我想要一件可以盼望到风景好的房间。

문을 닫을 시간입니다.
It's time to close.
这是关门时间。

이거 오늘 보낼 편지예요?
Is this letter sending today?
这封信是今天寄出吗?

나는 도서관에 가는 길에 선생님을 만났다.
I met a teacher on my way to the library.
我在去图书馆的路上遇见了老师。

부록
자주 출제되는 접속부사

1. 그리고

단어, 구, 절, 문장을 병렬적으로 연결할 때 사용한다.
It is used to connect words, phrases, clauses and sentences.
它是使用连接单词、短语、从句和句子。

예) 나는 평일에는 수영을 합니다. 그리고 주말에는 등산을 갑니다.
I swim on weekdays. And I go hiking on weekends.
平日我去游泳，而且我会在周末去爬山。

2. 그래서, 그러니까

앞의 내용이 원인 또는 이유임을 표시한다.
It marks that the previous contents is the cause or reason.
它表示前面的内容是原因或理由。

예) 나는 감기에 걸렸습니다. 그래서 병원에 갔습니다.
I caught a cold. So I went to the hospital.
我患了感冒，所以我去了医院。

토픽 시험이 어렵습니다. 그러니까 열심히 공부해야 합니다.
TOPIK is difficult. So you must study hard.
TOPIK考试很难，所以我要努力学习。

3. 그런데

화제를 앞의 내용과 관련시키면서 다른 방향으로 이끌어 나갈 때 사용한다.
It is used to change the topic in different direction while relating to the previous contents.
它是用在改变话题去不同的方向. 虽与前面的内容有关联。

예) 열심히 공부했습니다. 그런데 시험이 너무 어려웠습니다.
I studied hard. By the way I had difficulty in solving the test.
虽然我很努力学习，但仍然觉得考试很难。

4. 그러면

앞의 내용이 조건임을 표시한다.
It marks that the previous contents is the condition.
它表示前面的内容是条件。

예) 열심히 공부하세요. 그러면 합격할 수 있습니다.
Study hard. Then you can pass the test.
努力学习吧。那么你就可以通过考试。

5. 그러나

앞 문장과 뒤 문장이 반대관계임을 의미한다.
It means that the previous sentence and the next sentence are the opposite relationship.
它表示前面句子和后面句子是相反关系的。

예) 나는 고기를 좋아합니다. 그러나 생선을 먹지 않습니다.
I am a meat lover. But I abstain from fish.
我爱吃肉食。但我不吃鱼。

6. 하지만

앞의 내용을 인정하면서 반대 관계임을 표시한다.
It means that the previous sentence and the next sentence are the opposite relationship while admitting the previous contents.
它表示前面句子和后面句子是相反关系的，同时承认选前的内容。

예) 어제 배가 너무 아팠습니다. 하지만 약을 먹지 않았습니다.
I had a stomachache yesterday. However I didn't take a pill.
昨天我胃疼。不过我没有吃药。

유형 7 순서대로 배열하기

PART.2 읽기 영역

공식 11 참고

'순서대로 배열하기' 유형입니다.
네 개의 문장을 읽고 논리적 순서에 맞게 문장을 배열하는 문제입니다.

This type of questions is 'Arrange the sentences in order'.
After reading the four sentences, arrange the sentences to fit in a logical order.

这是'排列句子的顺序'题型。
阅读四个句子后，以逻辑排列句子的顺序。

풀이비법 • TIPS • 解题技巧

1. 모든 선택지의 첫 문장은 화제입니다.
2. 접속부사나 지시대명사를 이용하여 문장의 위치를 추측해 보세요.
3. 문장을 순서대로 배열하세요.
4. 선택지에서 정답을 선택하세요.

---

1. First sentence of all options is the topic.
2. Guess the position of the sentence by using the conjunctive adverbs or demonstrative pronouns.
3. Arrange the sentence in order.
4. Choose one correct answer out of four possible options.

---

1. 所有选项开始的第一个句子的是表示话题。
2. 通过使用连接词或指示代词推测句子中的位置。
3. 排列句子的顺序。
4. 在四个选项中选出一个正确的答案。

공식 11 순서대로 배열하기

다음을 순서에 맞게 배열한 것을 고르십시오.

(가) 그런데 이것은 주로 식사 시간에 볼 수 있습니다.
(나) 요리사들이 직접 나와 다양한 음식을 만들고 요리 방법을 보여 줍니다.
(다) 그래서 밤에 음식을 배달하는 가게도 많아졌습니다.
(라) 요즘 텔레비전에서 요리 프로그램이 많이 나옵니다.

① (라) – (가) – (다) – (나)
② (라) – (나) – (가) – (다)
③ (라) – (나) – (다) – (가)
④ (라) – (가) – (나) – (다)

공식

첫 문장은 정해져 있으므로 접속부사나 지시대명사를 고려하여 문장들의 논리적 순서를 결정하세요. 접속부사는 235쪽, 지시대명사는 242쪽을 참고하세요.

Since the first sentence is fixed, determine the logical order of the sentence in consideration of the conjunctive adverbs or demonstrative pronouns. Please refer to page 235 for conjunctive adverbs, page 242 for the demonstrative pronouns.

由于第一个句子是固定的，考虑连接副词和指示代名词来决定句子逻辑顺序。请参考235页中的为连接副词，242页中的是指示代名词。

정답

(라)	(나)	(가)	(다)
프로그램	만들고, 보여 줍니다	그런데, 이것	그래서

답 ②

어휘

요즘   직접   나오다   다양하다   방법   그런데   그래서
밤   배달   가게

유형 7

공식 적용하기

다음을 순서에 맞게 배열한 것을 고르십시오.

(라) There are many cooking shows on TV.
(나) Chefs come out to show a variety of dishes and explain how to cook them.
(가) But these shows air only in late night.
(다) So that is why there is a lot of restaurants providing food delivery at night.

(라) 最近电视上有很多烹饪节目。
(나) 厨师们亲自出来示范各式各样的料理和做法。
(가) 但是这类节目一般在深夜才可以看到。
(다) 所以就有了很多夜宵外卖店。

(라) 요즘 텔레비전에 요리 프로그램이 많이 나옵니다.
　　⇨ 화제 Topic 话题

(나) 요리사들이 직접 나와 다양한 음식을 만들고 요리 방법을 보여 줍니다.

(가) 그런데 이것은 주로 식사 시간에 볼 수 있습니다.
　　⇨ 접속부사, 지시대명사
　　　Conjunctive adverbs, Demonstrative pronouns
　　　连接副词、指示代名词

(다) 그래서 밤에 음식을 배달하는 가게도 많아졌습니다.
　　⇨ 접속부사
　　　Conjunctive adverbs 连接副词

239

TOPIK I

연습문제 01

다음을 순서에 맞게 배열한 것을 고르십시오.

> (가) 오래 기다렸지만 정말 맛있었습니다.
> (나) 주말에 가족과 함께 춘천에 갔습니다.
> (다) 유명한 식당의 닭갈비를 먹기 위해 줄을 섰습니다.
> (라) 그런데 사람이 너무 많아서 한 시간을 기다렸습니다.

① (나) – (다) – (가) – (라)
② (나) – (다) – (라) – (가)
③ (나) – (라) – (다) – (가)
④ (나) – (가) – (라) – (다)

공식

첫 문장은 정해져 있으므로 접속부사나 지시대명사를 고려하여 문장들의 논리적 순서를 결정하세요.
Since the first sentence is fixed, determine the logical order of the sentence in consideration of the conjunctive adverbs or demonstrative pronouns.
由于第一个句子是固定的，考虑连接副词和指示代名词来决定句子逻辑顺序。

정답

(나) 주말에 가족과 함께 춘천에 갔습니다.
   ⇨ 화제

(다) 유명한 식당의 닭갈비를 먹기 위해 줄을 섰습니다.

(라) 그런데 사람이 너무 많아서 한 시간을 기다렸습니다.
   ⇨ 접속부사

(가) 오래 기다렸지만 정말 맛있었습니다.

답 ②

어휘

| 춘천 | 유명하다 | 닭갈비 | 줄(을) 서다 | 기다리다 |

유형 7

연습문제 02

다음을 순서에 맞게 배열한 것을 고르십시오.

> (가) 담배를 피우지 않는 사람들이 많아졌습니다.
> (나) 많은 회사들이 휴게실을 카페로 만들었습니다.
> (다) 그래서 휴게실은 커피를 마시면서 편안하게 쉬는 곳이 되었습니다.
> (라) 이런 분위기는 회사에서도 볼 수 있습니다.

① (가) – (라) – (나) – (다)
② (가) – (나) – (다) – (라)
③ (가) – (다) – (라) – (나)
④ (가) – (라) – (다) – (나)

공식

첫 문장은 정해져 있으므로 접속부사나 지시대명사를 고려하여 문장들의 논리적 순서를 결정하세요.

Since the first sentence is fixed, determine the logical order of the sentence in consideration of the conjunctive adverbs or demonstrative pronouns.

由于第一个句子是固定的，考虑连接副词和指示代名词来决定句子逻辑顺序。

정답

(가) 담배를 피우지 않는 사람들이 많아졌습니다.
　　⇨ 화제

(라) 이런 분위기는 회사에서도 볼 수 있습니다.
　　⇨ 지시대명사

(나) 많은 회사들이 휴게실을 카페로 만들었습니다.

(다) 그래서 휴게실은 커피를 마시면서 편안하게 쉬는 곳이 되었습니다.
　　⇨ 접속부사

답 ①

어휘

담배　　피우다　　휴게실　　카페　　편안하다　　쉬다

부록

지시대명사

1. 이 / 이것

(1) 말하는 이에게 가까이 있거나 말하는 이가 생각하고 있는 대상을 가리킬 때 사용한다.
(2) 앞에서 이야기한 대상을 가리킬 때 사용한다.
(1) It is used to indicate things that is close to the speaker or the speaker's thought.
(2) It is used to indicate things that mentioned in the previous sentence.
(1) 指所说的对象在说话人的附近或用在说话的人指出自己想的事物的时候使用。
(2) 它是指出前面说话对象的使用。

예 백화점에서 구두를 만 원에 샀습니다.
　　이 가격에 이것을 살 수 있다는 것이 너무 행복했습니다.
　　☞ 만 원 ⇨ 이 가격 / ☞ 구두 ⇨ 이것

2. 그 / 그것

(1) 듣는 이에게 가까이 있거나 듣는 이가 생각하고 있는 대상을 가리킬 때 사용한다.
(2) 앞에서 이야기한 대상을 가리킬 때 사용한다.
(1) It is used to indicate things that is close to the listener or the listener's thought.
(2) It is used to indicate things that mentioned in the previous sentence.
(1) 它的作用是指示聆听的人靠近物件或聆听人的思想对象。
(2) 它是指出前面说话对象的使用。

예 어제 이모께서 용돈을 주셨습니다. 그 돈을 어디에 쓸지 고민했습니다.
　　그래서 그것으로 친구들과 영화를 보기로 했습니다.
　　☞ 용돈 ⇨ 그 돈, 그것

3. 저 / 저것

말하는 사람과 듣는 사람으로부터 멀리 있는 대상을 가리킬 때 사용한다.
It is used to indicate things that is far away from speaker and listener.
它是用来指示跟说话的人和聆听者有一段距离的事物。

예 여자 : 민수 씨, 이것은 휴대폰입니다. 저것도 휴대폰입니까?
　　남자 : 네, 저것도 휴대폰입니다.
　　☞ 휴대폰 ⇨ 저것

유형 8

PART.2 읽기 영역

지문을 읽고 두 문제에 답하기(2)

공식 12~14 참고

'지문을 읽고 두 문제에 답하기' 유형입니다. 문제 유형은 다음과 같습니다.

This type of question is the 'Read the text and answer two questions'.
The type of question is as follows :

这题型是'阅读文本并回答两个问题'。这题型的结构如下。

문제 유형　The type of question　问题题型	
문제 1　Question 1　问题 1	문제 2　Question 2　问题 2
빈칸에 들어갈 문장 고르기 Select the sentence for the blank 选择句子填充	세부 내용 파악하기 Understand the details 掌握详细内容
빈칸에 들어갈 어구 고르기 Select the phrase for the blank 选择语句填充	세부 내용 추론하기 Infer detailed contents 推论详细内容
글의 목적 파악하기 Understand the purpose of text 掌握文本的目的	

☞ '세부 내용 파악하기'는 213쪽을 참조하세요.

　Please refer to page 213 for 'Understand the detailed contents'.

　'掌握详细内容' 请参考213页。

☞ '빈칸에 들어갈 어구 고르기'는 213, 220, 224쪽을 참조하세요.

　Please refer to page 213, 220, 224 for 'Select the phrase for the blank'.

　'选择语句填充' 请参考213、220、224 页。

TOPIK I

> 공식 12 참고

빈칸에 들어갈 문장 고르기

지문을 읽고 세부 내용을 파악하여 빈칸에 들어갈 알맞은 문장을 고르는 문제입니다.

After reading the text, grasp the details and choose the most appropriate sentence for the blank.

阅读文本后，掌握内容并选择最适合的句子作填充。

풀이비법 · TIPS · 解題技巧

1. 빈칸에 들어갈 문장의 핵심어, 접속부사, 지시대명사를 고려하여 내용을 파악하세요.
2. 각 문장의 핵심어, 접속부사, 지시대명사를 고려하여 내용을 파악하세요.
3. 빈칸에 들어갈 문장의 위치를 추측해 보세요.
4. 선택지에서 정답을 선택하세요.

---

1. Identify the content of the given sentence for the blank by considering the key words, conjunctive adverbs and demonstrative pronouns.
2. Identify the contents of text by considering the key words, conjunctive adverbs and demonstrative pronouns.
3. Guess the position of the given sentence.
4. Choose one correct answer out of four possible options.

---

1. 确定已提供的填充句子内容，考虑核心语，连接副词和指示代名词。
2. 确定文本中的内容、考虑核心语、连接副词和指示代名词。
3. 推测填充句子的位置。
4. 在四个选项中选出一个正确的答案。

유형 8

공식 13 참고

글의 목적 파악하기

편지, 광고, 안내문 등을 읽고 글쓴이가 무엇을 알리려고 하는지 고르는 문제입니다.

Understand what the writer is trying to tell something after reading the letters, advertisements, notices, etc.

阅读信件、广告、通告等、然后找出作者试图告知什么的事情。

풀이비법 • TIPS • 解題技巧

1. 선택지를 읽으세요.
2. 글의 목적은 보통 어떤 것을 알려 주는 것입니다. 따라서 받는 사람이 알아야 하는 중요한 사실을 확인하세요.
3. 글을 쓴 목적을 결정하고 정답을 고르세요.

---

1. Read the options first.
2. The purpose of the text is usually to tell something. Try to identify the important facts that the reader need to know.
3. Decide the purpose of the text and select the correct option.

---

1. 阅读选项。
2. 文本的目的通常是为了告知某东西。请确认读者需要知道的重要事实。
3. 决定文本的目的并选择正确的选项。

공식 14 참고

세부 내용 추론하기

지문을 읽고 지문의 내용으로 알 수 있는 것을 고르는 문제입니다.

Read the text and choose the correct option that you can inference from the text.

阅读文本和选择，你可以从文中推断出正确的选项。

풀이비법 · TIPS · 解題技巧

1. 선택지를 읽고 핵심어에 밑줄을 그으세요.
2. 지문 속에 힌트가 있으므로 세부 내용, 단어, 행동, 설명 등에서 힌트를 찾으세요.
3. 지문을 근거로 선택지를 고르세요.

---

1. Read the options and underline the key words.
2. The text offer hints for the question. Find the clues such as detailed contents, words, character's actions, descriptions and more.
3. Select the correct option from the text.

---

1. 阅读选项并在核心语下划上底线。
2. 文本提供问题的提示。找出提示如详细内容、词语、行动、说明等。
3. 根据文本选择出正确的选项。

공식 12 빈칸에 들어갈 문장 고르기 + 세부 내용 파악하기

다음을 읽고 물음에 답하십시오.

물은 아무 맛도 없지만 우리 몸에서 아주 중요한 일을 합니다. (㉠) 우리 몸은 매일 물을 사용하고 있습니다. (㉡) 더워서 땀이 날 때도 거리를 걸을 때에도 물이 몸 밖으로 조금씩 나옵니다. (㉢) 그래서 우리는 매일 적당한 양의 물을 마셔야 합니다. (㉣) 왜냐하면 몸에서 물이 부족하면 건강에 위험할 수 있기 때문입니다.

■ 문제 1 ■ 다음 문장이 들어갈 곳으로 가장 알맞은 것을 고르십시오.

그리고 물은 피를 맑게 하고 몸 안의 나쁜 것들을 몸 밖으로 보냅니다.

① ㉠   ② ㉡   ③ ㉢   ④ ㉣

■ 문제 2 ■ 윗글의 내용과 같은 것을 고르십시오.

① 물은 여러 가지 맛이 있다.
② 물이 부족해도 건강에는 위험하지 않다.
③ 거리를 걸을 때에도 우리 몸은 물을 사용한다.
④ 우리는 매일 많은 물을 마셔야 한다.

공식

■ 문제 1 ■ 빈칸에 들어갈 문장 고르기 Select the sentence for the blank 选择句子填充

첫 문장에서 화제를 확인하고 나머지 문장들의 핵심어, 접속부사, 지시대명사를 고려하여 문장의 위치를 결정하세요. 접속부사는 235쪽, 지시대명사는 242쪽을 참고하세요.

Identify the topic from the first sentence and determine the position of the sentence for the blank considering key words, conjunctive adverbs and demonstrative pronouns of the text. Please refer to page 235 for conjunctive adverbs, page 242 for the demonstrative pronouns.

确认文本出现的第一个句子的话题并考虑文本的剩余句子的核心语，连接副词和指示代名词和决定填充句子的位置。连接副词请参考235页，指示代名词请参考242页。

TOPIK I

▍**문제 2**▍ 세부 내용 파악하기 Understand the detailed contents 掌握詳細內容

1. 지문에 직접 제시된 사실 정보를 확인하고 선택지를 확인하세요.
2. 세부 내용에 대한 잘못된 정보나 새로운 정보는 지우세요.

1. Identify factual information that is stated directly in the text and check the options.
2. Delete the false information and new information.

1. 确认文本直接提到的事实资料和确认选项。
2. 删除虚假资料和新的资料。

정답

▍**문제 1**▍ 다음 문장이 들어갈 곳을 고르십시오.

'그리고'는 비슷한 정보를 나열할 때 씁니다. '더워서 땀이 날 때도 거리를 걸을 때에도 물이 몸 밖으로 조금씩 나옵니다.'와 '물은 피를 맑게 하고 몸 안의 나쁜 것들을 몸 밖으로 보냅니다.'는 비슷한 정보이므로 '그리고'로 연결할 수 있습니다. 또한 '그래서 우리는 매일 적당한 양의 물을 마셔야 합니다.'의 원인이 되므로 그 앞에 와야 합니다.

답 ③

▍**문제 2**▍ 윗글의 내용과 같은 것을 고르십시오.

'우리 몸은 매일 물을 사용하고 있습니다. 더워서 땀이 날 때도 거리를 걸을 때도 물이 몸 밖으로 조금씩 나옵니다.'가 힌트입니다.

답 ③

어휘

물	아무	맛	몸	아주	중요하다	매일
땀	나다	거리	걷다	밖	조금씩	나오다
피	맑다	나쁘다	보내다	부족하다	건강	위험하다

유형 8

> **공식 적용하기**

다음을 읽고 물음에 답하십시오.

물은 아무 맛도 없지만 우리 몸에서 아주 중요한 일을 합니다. 우리 몸은 매일 물을 사용하고 있습니다. 더워서 땀이 날 때도 거리를 걸을 때에도 물이 몸 밖으로 조금씩 나옵니다.(ⓒ 그리고 물은 피를 맑게 하고 몸 안의 나쁜 것들을 몸 밖으로 보냅니다.) 그래서 우리는 매일 적당한 양의 물을 마셔야 합니다. 왜냐하면 몸에서 물이 부족하면 건강에 위험할 수 있기 때문입니다.

Although there is no taste in water, it is very important to our body. The body needs water every day. We will sweat when hot or even just walking. Water is leaving our body bit by bit. Water also clean our blood and remove waste from our body. That is why we need to drink suitable amount of water every day. If the body does not contain enough water, it will be dangerous to our body.

水虽然没有任何味道，但却在我们身体里起着非常重要的作用。我们的身体每天都要用到水。比如热的时候或者走路的时候会流汗，水从身体里一点一点的排出。水能让血液变得干净，可以把身体里面的废物排出。所有我们每天要喝适量的水，以免身体里的水分不足，危害健康。

화제 Topic 话题	물은 아주 중요한 일을 합니다.
중심 내용 Main contents 中心内容	몸은 매일 물을 사용하고 있습니다.
세부 내용 Detailed contents 详细内容	땀이 날 때도 거리를 걸을 때도 물이 몸 밖으로 조금씩 나옵니다.
접속부사 ⇨ 세부 내용 Conjunctive adverbs ⇨ Detailed contents 连接副词 ⇨ 详细内容	(그리고 물은 피를 맑게 하고 몸 안의 나쁜 것들을 몸 밖으로 보냅니다.)
접속부사 ⇨ 중심 생각 Conjunctive adverbs ⇨ Main idea 连接副词 ⇨ 中心思想	그래서 우리는 매일 적당한 양의 물을 마셔야 합니다.
접속부사 ⇨ 세부 내용 Conjunctive adverbs ⇨ Detailed contents 连接副词 ⇨ 详细内容	왜냐하면 몸에서 물이 부족하면 건강에 위험할 수 있기 때문입니다.

■ **문제 1** ■ 다음 문장이 들어갈 곳으로 가장 알맞은 것을 고르십시오.

<mark>그리고</mark> 물은 피를 맑게 하고 몸 안의 나쁜 것들을 <mark>몸 밖으로 보냅니다</mark>.

① ㉠   ② ㉡   ③ ㉢   ④ ㉣

TIP

그리고 : 비슷한 정보를 나열할 때 쓴다.

Used to list similar information

罗列相似信息时使用。

■ **문제 2** ■ 윗글의 내용과 같은 것을 고르십시오.

① 물은 여러 가지 맛이 있다. ☞ 아무 맛도 없지만
② 물이 부족해도 건강에는 위험하지 않다. ☞ 위험할 수 있기 때문입니다.
③ 거리를 걸을 때에도 우리 몸은 물을 사용한다.
④ 우리는 매일 많은 물을 마셔야 한다. ☞ 적당한 양의

유형 8

연습문제 01

다음을 읽고 물음에 답하십시오.

> 한국의 음식 문화에서 김치는 아주 중요합니다. 김치는 배추김치, 무김치, 물김치 등 그 종류가 다양합니다. (㉠) 이것 중에서 외국인이 가장 좋아하는 김치는 배추김치입니다. (㉡) 배추김치는 배추를 소금물에 넣고 하루 뒤에 빼서 다양한 재료들과 섞어서 만듭니다. (㉢) 그래서 김치에는 소금이 필요합니다. (㉣) 따라서 김치를 만들 때에는 건강을 위해 소금을 적당하게 넣어야 합니다.

문제 1 다음 문장이 들어갈 곳으로 가장 알맞은 것을 고르십시오.

> 하지만 너무 많은 소금을 김치에 넣으면 건강에 좋지 않습니다.

① ㉠ ② ㉡ ③ ㉢ ④ ㉣

문제 2 윗글의 내용과 같은 것을 고르십시오.

① 김치는 세 가지 종류만 있습니다.
② 외국인이 가장 좋아하는 김치는 물김치입니다.
③ 김치는 다양한 재료를 섞어서 만듭니다.
④ 배추는 일주일 동안 소금물에 넣습니다.

공식

문제 1

첫 문장에서 화제를 확인하고 나머지 문장들의 핵심어, 접속부사, 지시대명사를 고려하여 문장의 위치를 결정하세요.

Identify the topic from the first sentence and determine the position of the sentence for the blank by considering key words, conjunctive adverbs and demonstrative pronouns of the text.

确认文本出现的第一个主题句子和决定填充句子的位置并考虑文本的核心语，连接副词和指示代词。

문제 2

1. 지문에 직접 제시된 사실 정보를 확인하고 선택지를 확인하세요.
2. 세부 내용에 대한 잘못된 정보나 새로운 정보는 지우세요.

1. Identify factual information that is stated directly in the text and check the options.
2. Delete the false information and new information.

1. 确认文本直接提到的事实资料和确认选项。
2. 删除虚假资料和新的资料。

TOPIK I

> **정답**

｜문제 1｜ 다음 문장이 들어갈 곳으로 가장 알맞은 것을 고르십시오.

그래서 김치에는 소금이 필요합니다.
하지만 너무 많은 소금을 김치에 넣으면 건강에 좋지 않습니다.
따라서 김치를 만들 때에는 건강을 위해 소금을 적당하게 넣어야 합니다.
☞ '하지만'은 앞의 내용을 인정하면서 반대 관계임을 표시합니다.

답 ④

｜문제 2｜ 윗글의 내용과 같은 것을 고르십시오.

① 김치는 세 가지 종류만 있습니다. ☞ 종류가 다양합니다.
② 외국인이 가장 좋아하는 김치는 물김치입니다. ☞ 배추김치
③ 김치는 다양한 재료를 섞어서 만듭니다.
　☞ 배추김치는 배추를 소금물에 넣고 하루 뒤에 빼서 다양한 재료들과 섞어서 만듭니다.
④ 배추는 일주일 동안 소금물에 넣습니다. ☞ 소금물에 넣고 하루 뒤에 빼서

답 ③

> **어휘**

| 김치 | 배추 | 무 | 물 | 종류 | 다양하다 | 소금 |
| 넣다 | 빼다 | 재료 | 섞다 | 건강 | 적당하다 | |

유형 8

공식 13 글의 목적 파악하기

다음 글을 읽고 물음에 답하십시오.

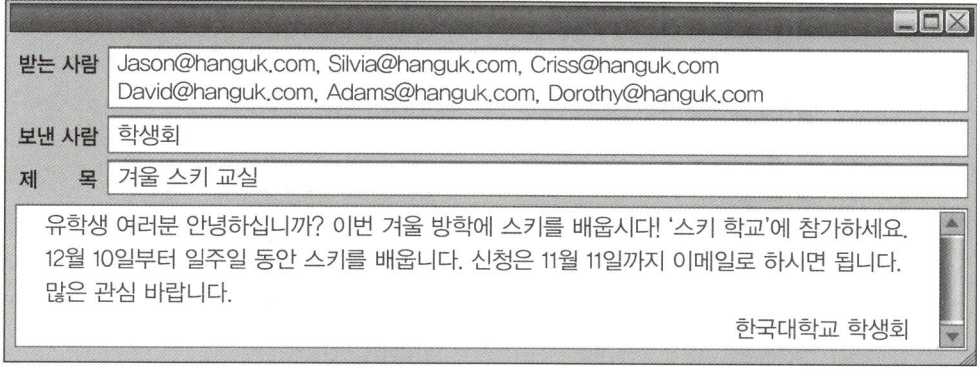

왜 윗글을 썼는지 맞는 것을 고르십시오.

① 스키 교실 장소를 바꾸려고 ② 스키 교실 신청을 취소하려고
③ 스키 교실 신청을 받으려고 ④ 스키 교실 날짜를 바꾸려고

공식

글쓴이가 글을 쓴 이유는 감사, 계획, 안내, 질문, 초대, 확인 등입니다. 제목과 내용을 근거로 글을 쓴 목적을 찾아보세요.

The purpose of the writer is to show appreciation, planning, notice, inquiry, invitation, confirmation, etc. Find the purpose based on the title and text.

笔者的主要目的为表达感谢、计划、通告、查询、邀请、确认等等。根据标题和内文寻找笔者的目的。

어휘

| 유학생 | 여러분 | 겨울 | 방학 | 스키 | 부터 | 까지 |
| 관심 | 대학교 | 학생회 | | | | |

정답

제목 '겨울 스키 교실'과 본문 '참가하세요. 신청은 이메일로 하시면 됩니다.'가 힌트입니다.

답 ③

TOPIK I

공식 적용하기

다음 글을 읽고 물음에 답하십시오.

제목 : 겨울 스키 교실

유학생 여러분 안녕하십니까? 이번 겨울 방학에 스키를 배웁시다! '스키 학교'에 참가하세요. 12월 10일부터 일주일 동안 스키를 배웁니다. 신청은 11월 11일까지 이메일로 하시면 됩니다. 많은 관심 바랍니다.

한국대학교 학생회

To : Jason@hanguk.com, Silvia@hanguk.com, Criss@hanguk.com
　　David@hanguk.com, Adams@hanguk.com, Dorothy@hanguk.com
From : Students' Union
Subject : Ski School

Welcome all international students! Let's learn to ski in this winter vacation! Please join the 'Ski school'. Learn skiing for a week from December 10th. Applicants can apply before November 11th via email. Best Regards.

Hanguk University Students' Union

收件者 : Jason@hanguk.com, Silvia@hanguk.com, Criss@hanguk.com
　　　　David@hanguk.com, Adams@hanguk.com, Dorothy@hanguk.com
寄件者 : 学生会
主旨 : 冬季滑雪班

各位留学生，你们好！参加'滑雪学校'，一起在这个寒假学滑雪吧！课程由12月10号起连续一周，申请者可于11月11日前透过电邮报名，请多多支持。

韩国大学 学生会

왜 윗글을 썼는지 맞는 것을 고르십시오.
① 스키 교실 장소를 바꾸려고　　② 스키 교실 신청을 취소하려고
③ **스키 교실 신청을 받으려고**　　④ 스키 교실 날짜를 바꾸려고

TIP

유형 8에 자주 등장하는 문법 표현은 257쪽을 참고하세요.

Refer to page 257 for Korean grammar appears on Type 8 frequently.

请参考257页有关经常出现于题型8的韩语语法。

연습문제 01

다음 글을 읽고 물음에 답하십시오.

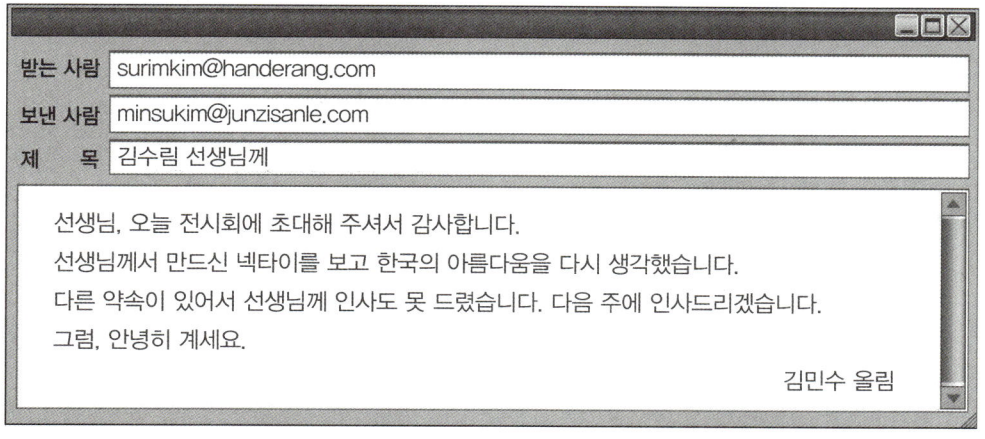

왜 윗글을 썼는지 맞는 것을 고르십시오.

① 전시회에 초대하기 위해서
② 전시회에서 넥타이를 사기 위해서
③ 전시회 초대에 감사해서
④ 선생님과 약속하기 위해서

공식

글쓴이가 글을 쓴 이유는 감사, 계획, 안내, 질문, 초대, 확인 등입니다. 제목과 내용을 근거로 글을 쓴 목적을 찾아보세요.

The purpose of the writer is to show appreciation, planning, notice, inquiry, invitation, confirmation, etc. Find the purpose based on the title and text.

笔者的主要目的为表达感谢、计划、通告、查询、邀请、确认等等。根据标题和内文寻找笔者的目的。

정답

선생님께 오늘 전시회에 초대해 주셔서 감사하다고 했습니다.

답 ③

어휘

선생님　전시회　초대하다　감사하다　넥타이　약속
인사　올림

연습문제 02

다음 글을 읽고 물음에 답하십시오.

> **선풍기 사세요!** 김수미(sumi@hanguk.com)
>
> 다음 달에 외국으로 이사를 갑니다.
> 선풍기를 자주 사용하지 않아서 깨끗합니다.
> 가격은 배달 비용을 포함해서 30,000원입니다.
> 관심 있으신 분은 이메일로 연락 주십시오.

왜 윗글을 썼는지 맞는 것을 고르십시오.

① 선풍기를 사고 싶어서
② 선풍기를 바꾸고 싶어서
③ 선풍기를 팔기 위해서
④ 선풍기가 고장이 나서

공식

글쓴이가 글을 쓴 이유는 감사, 계획, 안내, 질문, 초대, 확인 등입니다. 제목과 내용을 근거로 글을 쓴 목적을 찾아보세요.

The purpose of the writer is to show appreciation, planning, notice, inquiry, invitation, confirmation, etc. Find the purpose based on the title and text.

笔者的主要目的为表达感谢、计划、通告、查询、邀请、确认等等。根据标题和内文寻找笔者的目的。

정답

'선풍기 사세요! 가격은 30,000원입니다. 관심 있으신 분은 연락 주십시오.'가 힌트입니다.

답 ③

어휘

| 선풍기 | 이사 | 가격 | 배달 | 비용 | 포함하다 | 관심 |
| 이메일 | 연락 | | | | | |

부록

목적을 나타내는 문법 표현

1. 목적이나 의도를 표시합니다.

It marks the purpose or intention.

它表示目的或意图。

–(으)려고	다른 것으로 바꾸려고 합니다. I want to exchange it for a different one. 我想换一个不同的。
–고 싶다	라디오를 주문하고 싶어요. I'd like to order a radio. 我想订购一台收音机。

2. 의도나 의향이 있는 상황을 가정할 때 사용합니다.

It is used to suppose a situation with an the intention or purpose.

它使用在有关意图或目的的假定情况下。

–(으)려면	공항버스를 타려면 지금 출발해야 합니다. You need to go now for airport bus. 你要去坐机场巴士的话，现在就必须出发。

3. 제안을 할 때 사용합니다.

It is used to suggest someone to do something.

这是建议某人做某事时使用的。

–ㅂ/읍시다	이번 겨울 방학에 스키를 배웁시다. Let's learn to ski on this winter vacation. 让我们一起在这个寒假学习滑雪。

4. 요청할 때 사용합니다.

It is used to request someone to do something.

这是要求别人做一些事情时使用的。

–(으)십시오	관심이 있는 분은 이메일로 연락 주십시오. Please contact by email, someone who is interested. 有兴趣的人请使用电邮联络。

공식 14 빈칸에 들어갈 어구 고르기 + 세부 내용 추론하기

다음을 읽고 물음에 답하십시오.

인삼의 도시 금산에는 '인삼 축제'가 있습니다. 전통 문화와 인삼 그리고 건강을 주제로 다양한 행사를 합니다. 축제는 매년 9월 마지막 주 토요일에 시작합니다. 다른 축제들은 공연이 많지만 인삼 축제는 관광객이 함께 참여하는 프로그램이 많습니다. 그래서 가족은 물론 외국인 관광객이 많이 방문합니다. 그리고 축제를 준비하는 사람들도 모두 봉사 활동을 하는 사람들입니다. 그래서 지역 사람들과 관광객이 모두 (㉠) 축제입니다.

문제 1 ㉠에 들어갈 말로 가장 알맞은 것을 고르십시오.

① 즐거워서
② 즐길 수 있는
③ 즐거우면
④ 즐겁게 보기 때문에

문제 2 윗글의 내용으로 알 수 있는 것을 고르십시오.

① 인삼 축제는 1년에 두 번 있습니다.
② 인삼 축제를 준비하는 사람들은 무료로 일합니다.
③ 다른 축제는 인삼 축제보다 공연이 많지 않습니다.
④ 아이들은 축제에 참가할 수 없습니다.

유형 8

공식

■ 문제 1 ■ 빈칸에 들어갈 어구 고르기 Select the phrase for the blank 选择语句填充

1. 빈칸 앞뒤의 문장을 읽고 빈칸에 들어갈 내용을 찾으세요.
2. 한국어 문법을 이용하세요. 232쪽을 참고하세요.

1. Find the appropriate content to fill in the blank after reading the sentences before and after the blank.
2. For Korean grammar please refer to page 232.

1. 细阅填充空白地方的前后句子，找出相应的内容把它填上。
2. 韩语语法请参考232页。

■ 문제 2 ■ 세부 내용 추론하기 infer detailed contents 推论详细内容

지문의 내용 Contents of Text 文本的内容	추론 Inference 推论	선택지의 내용 Contents of Options 选项的内容

정답

■ 문제 1 ■ ㉠에 들어갈 말로 가장 알맞은 것을 고르십시오.

가족은 물론 외국인 관광객 그리고 축제를 준비하는 사람들도 모두 축제에 함께 참여하므로 '즐길 수 있는'이 정답입니다.

–(으)ㄹ 수 있다 : 어떤 일에 대한 가능성이나 능력이 있음을 의미한다.
It means that there is possibility or ability for something.
它意思是某事情的可能性或能力。

답 ②

■ 문제 2 ■ 윗글의 내용으로 알 수 있는 것을 고르십시오.

'인삼축제를 준비하는 사람들은 봉사 활동을 하는 사람들'이므로 무료로 일하는 것입니다.

답 ②

어휘

인삼	도시	축제	건강	주제	다양하다	행사
시작하다	공연	참여하다	모두	봉사	활동	지역	즐기다

TOPIK I

> **공식 적용하기**

다음을 읽고 물음에 답하십시오.

> 인삼의 도시 금산에는 '인삼 축제'가 있습니다. 전통 문화와 인삼 그리고 건강을 주제로 다양한 행사를 합니다. 축제는 매년 9월 마지막 주 토요일에 시작합니다. 다른 축제들은 공연이 많지만 인삼 축제는 관광객이 함께 참여하는 프로그램이 많습니다. 그래서 가족은 물론 외국인 관광객이 많이 방문합니다. 그리고 축제를 준비하는 사람들도 모두 봉사 활동을 하는 사람들입니다. 그래서 지역 사람들과 관광객이 모두 (㉠ 즐길 수 있는) 축제입니다.
>
> The city of Ginseng, Geumsan has a 'inseng Festival'. There are various events about traditional culture, ginseng and health. The festival starts on the last Saturday of September in each year. There are a lot of programmes in Ginseng festival that tourists can join, unlike other festivals are a lot of performances. So it attracts a lot of families and tourists. And those who prepare the festival are all volunteers. You can enjoy with all the festival visitors and local people.
>
> 在人参的城市金山有一个传统庆典叫'人参节'。庆典期间会举办以人参,传统文化和健康为主题的多样活动。人参节庆典每年的9月最后一周的星期六开幕。别的庆典会有很多公演,但在人参节上最多的是与游客一起互动的节目。所以以家庭为单位的观光客以及外国游客很多。而且帮忙准备庆典的人全都是义工,所以人参节是当地居民和观光游客可以一起欢度的庆典。

▌문제 1▐ ㉠에 들어갈 말로 가장 알맞은 것을 고르십시오.

① 즐거워서　　　　　　　　　② 즐길 수 있는
③ 즐거우면　　　　　　　　　④ 즐겁게 보기 때문에

> **TIP**

그래서 : 앞의 내용이 원인 또는 이유임을 표시한다.
It marks that the previous contents is the cause or reason.
它表示前面的内容是原因或理由。

▌문제 2▐ 윗글의 내용으로 알 수 있는 것을 고르십시오.

① 인삼 축제는 1년에 두 번 있습니다. ☞ 한 번
② 인삼 축제를 준비하는 사람들은 무료로 일합니다.
③ 다른 축제는 인삼 축제보다 공연이 많지 않습니다. ☞ 많습니다
④ 아이들은 축제에 참가할 수 없습니다.
　　☞ 가족은 물론 외국인 관광객이 많이 방문합니다.

유형 8

연습문제 01

다음을 읽고 물음에 답하십시오.

> 저는 지난 주말에 특별한 버스를 타고 전주에 다녀왔습니다. 이 버스는 외국인만 이용할 수 있는 외국인 관광 상품입니다. 매주 한 번 한국의 곳곳을 자유 여행하는 상품이기 때문에 이 (㉠) 인터넷으로 예약해야 합니다. 먼저 여행하고 싶은 지역을 골라 예약하고 4명 이상이 신청하면 버스를 이용할 수 있습니다. 1박 2일 동안 지역 관광을 외국어로 자세하게 안내해줘서 정말 편리했습니다. 앞으로 한국에 관심이 많은 전 세계 친구들에게 이 버스를 소개할 생각입니다.

문제 1 ㉠에 들어갈 말로 가장 알맞은 것을 고르십시오.

① 버스를 위해서
② 버스를 본
③ 버스가 좋아서
④ 버스를 타려면

문제 2 윗글의 내용으로 알 수 있는 것을 고르십시오.

① 이 버스는 매일 출발합니다.
② 이 버스에는 가이드가 있습니다.
③ 이 버스는 한국인도 이용할 수 있습니다.
④ 이 버스는 2명만 예약해도 이용할 수 있습니다.

공식

문제 1

1. 빈칸 앞뒤의 문장을 읽고 빈칸에 들어갈 내용을 찾으세요.
2. 한국어 문법을 이용하세요. 232쪽을 참고하세요.

1. Find the appropriate content to fill in the blank after reading the sentences before and after the blank.
2. For Korean grammar please refer to page 232.

1. 细阅填充空白地方的前后句子，找出相应的内容把它填上。
2. 使用韩语语法请参考232页。

문제 2

지문의 내용	추론	선택지의 내용
Contents of Text	Inference	Contents of Options
文本的内容	推论	选项的内容

TOPIK I

정답

▎문제 1 ▎ ㉠에 들어갈 말로 가장 알맞은 것을 고르십시오.

이 버스는 매주 한 번 한국의 곳곳을 자유 여행하는 상품이기 때문에 '예약해야 합니다'와 어울릴 수 있는 '버스를 타려면'이 정답입니다.

–(으)려면 : 의도나 의향이 있는 상황을 가정할 때 사용한다.
It is used to suppose a situation with an the intention or purpose.
它使用在有关意图或目的的假定情况下。

답 ④

▎문제 2 ▎ 윗글의 내용으로 알 수 있는 것을 고르십시오.

① 이 버스는 매일 출발합니다. ☞ 일주일에 한 번
② 이 버스에는 가이드가 있습니다.
　☞ 1박 2일 동안 지역 관광을 외국어로 자세하게 안내해줘서 정말 편리했습니다.
③ 이 버스는 한국인도 이용할 수 있습니다. ☞ 외국인만
④ 이 버스는 2명만 예약해도 이용할 수 있습니다. ☞ 4명 이상

답 ②

어휘

특별하다	다녀오다	외국인	관광	고르다	이상	신청하다
이용하다	안내하다	정말	편리하다	앞으로	세계	소개하다

특별 부록

말하기 평가 유형.zip

| 1 | 시험 안내 |
| 2 | 유형 안내 |

죽는 날까지 하늘을 우러러 한 점 부끄럼이 없기를

– 윤동주의 '서시' 중

특별 부록 말하기 평가 유형.zip

시험 안내

• 시험 시간표

입실 완료 시간	본인 확인 및 유의 사항 안내	시작	종료
11:30	11:30~12:00	12:00	12:30

※ 해외시험시간은 현지접수기관에 문의하시기 바랍니다.

• 문항 구성

문항	문항 유형	준비 시간	응답 시간
1	질문에 대답하기	20초	30초
2	그림 보고 역할 수행하기	30초	40초
3	그림 보고 이야기하기	40초	60초
4	대화 완성하기	40초	60초
5	자료 해석하기	70초	80초
6	의견 제시하기	70초	80초

• 평가 요소

평가 요소	내용
내용 및 과제 수행	• 과제에 적절한 내용으로 표현하였는가? • 주어진 과제를 풍부하고 충실하게 수행하였는가? • 담화 구성이 조직적으로 잘 이루어졌는가?
언어 사용	• 담화 상황에 적합한 언어를 사용하였는가? • 어휘와 표현을 다양하고 풍부하게 사용하였는가? • 어휘와 표현을 정확하게 구사하였는가?
발화 전달력	• 발음과 억양이 어느 정도 이해 가능한가? • 발화 속도가 자연스러운가?

• 시험 등급

등급	점수	등급 기술
1급	20~49점	• 친숙한 일상적 화제에 대해 질문을 듣고 간단하게 답할 수 있다. • 언어 사용이 매우 제한적이며 오류가 빈번하다. • 발음과 억양, 속도가 매우 부자연스러워 의미 전달에 문제가 있다.
2급	50~89점	• 자주 접하는 사회적 상황에서 일상적 화제에 대해 묻거나 답할 수 있다. • 언어 사용이 제한적이며 담화 상황에 맞지 않는 경우가 있고 오류가 잦다. • 발음과 억양, 속도가 부자연스러워 의미 전달에 다소 문제가 있다.
3급	90~109점	• 친숙한 사회적 화제에 대해 비교적 구체적으로 말할 수 있다. • 오류가 때때로 나타나나 어느 정도 다양한 어휘와 표현을 비교적 담화 상황에 맞게 사용할 수 있다. • 발음과 억양, 속도가 다소 부자연스러우나 의미 전달에 큰 문제가 없다.
4급	110~129점	• 일부 사회적 화제에 대해 대체로 구체적이고 조리 있게 말할 수 있다. • 오류가 때때로 나타나나 다양한 어휘와 표현을 대체로 담화 상황에 맞게 사용할 수 있다. • 발음과 억양, 속도가 비교적 자연스러워 의미 전달에 문제가 거의 없다.
5급	130~159점	• 사회적 화제나 일부 추상적 화제에 대해 비교적 논리적이고 일관되게 말할 수 있다. • 오류가 간혹 나타나나 다양한 어휘와 표현을 담화 상황에 맞게 사용할 수 있다. • 발음과 억양, 속도가 대체로 자연스러워 발화 전달력이 양호하다.
6급	160~200점	• 사회적 화제나 추상적 화제에 대해 논리적이고 설득력 있게 말할 수 있다. • 오류가 거의 없으며 매우 다양한 어휘와 문법을 담화 상황에 맞게 사용할 수 있다. • 발음과 억양, 속도가 자연스러워 발화 전달력이 우수하다.

※ 0~19점은 불합격입니다.

2 유형 안내

특별 부록 말하기 평가 유형.zip

※ 시험을 시작하기 전, 연습 문제가 나올 수도 있습니다. 20초 정도 되는 분량으로 자기소개를 준비해 가면 도움이 될 거예요.

1. 질문에 대답하기

> 질문을 듣고 대답하십시오. 20초 동안 준비하십시오. '삐' 소리가 끝나면 30초 동안 말하십시오.
>
> 취미가 뭐예요? 그 취미에 대해 이야기하세요.
>
> **┃모범 답안┃**
>
> 제 취미는 책 읽기예요. 일주일에 한 권씩 읽어요. 저는 무서운 이야기를 좋아해요. 슬픈 것도 잘 봐요. 저는 시간이 날 때 도서관에 가요. 주말에 서점도 자주 가요. 이번 주말에도 친구와 함께 서점에 갈 거예요.

- **수준 및 예상 배점**: 초급
- **문제 내용**: 일상생활에서 자주 만나는 상황에 대한 간단한 질문(자기 자신, 가까운 사람이나 사물, 단순한 일상이나 계획 등)을 듣고 대답하는 문제
- **공부 방법**: 자기 자신이나 가족, 가까운 친구나 사람, 사물, 단순한 계획과 경험 등을 이야기하는 데 필요한 기초 단어와 표현들을 공부해 두세요. 기초적인 소재에 대해 다양한 형식의 문장으로 말하는 연습도 하면 좋습니다. 답변 시간을 최대한 활용하고, 정확한 발음과 자연스러운 억양, 적절한 속도로 말하는 연습도 하세요.

2. 그림 보고 역할 수행하기

그림을 보고 질문에 대답하십시오. 30초 동안 준비하십시오. '삐' 소리가 끝나면 40초 동안 말하십시오.

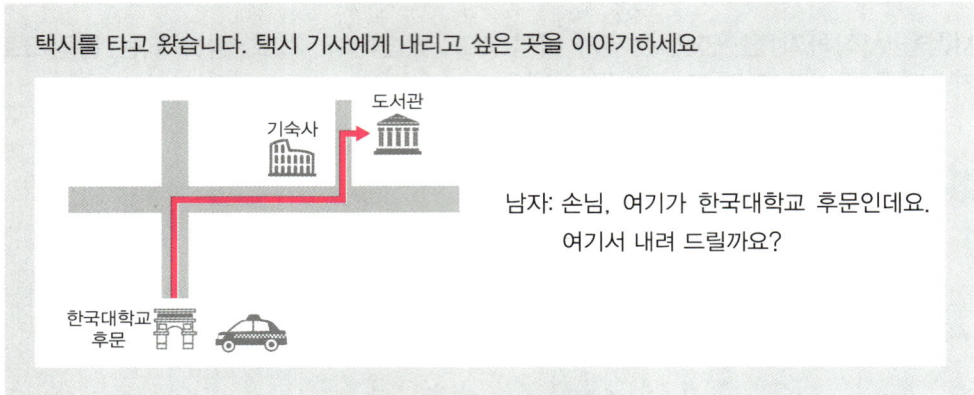

택시를 타고 왔습니다. 택시 기사에게 내리고 싶은 곳을 이야기하세요

남자: 손님, 여기가 한국대학교 후문인데요. 여기서 내려 드릴까요?

▌모범 답안 ▌

아니요, 기사님. 학교 안에 있는 도서관까지 가 주세요. 후문으로 들어가면 사거리가 나오는데, 거기에서 오른쪽으로 가시면 돼요. 가다 보면 왼쪽에 기숙사가 나와요. 기숙사를 지나서 조금 더 가면 왼쪽에 작은 길이 있어요. 그 길로 조금 가면 오른쪽에 도서관이 있어요. 그 앞에서 내려 주세요.

- **수준 및 예상 배점**: 초급
- **문제 내용**: 그림에 대한 간단한 질문(주거, 환경, 쇼핑, 공공시설, 대중교통 등 일상생활에서 자주 만나게 되는 상황)을 듣고 주어진 역할에 어울리게 대답하는 문제
- **공부 방법**: 새로운 내용이나 상황을 소개하거나 필요한 것에 대해 이야기하는 등 평소 일상생활에서 자주 일어나는 상황을 상상해 보고, 그때 필요한 기초 단어를 공부해 두세요. 관련 소재에 대해 다양한 형식의 문장으로 말하는 연습도 하면 좋습니다. 답변 시간을 최대한 활용하고, 정확한 발음과 자연스러운 억양, 적절한 속도로 말하는 연습도 하세요.

3. 그림 보고 이야기하기

그림을 보고 순서대로 이야기하십시오. 40초 동안 준비하십시오. '삐' 소리가 끝나면 60초 동안 말하십시오.

영희 씨는 한 달 전에 쇼핑을 했습니다. 영희 씨가 산 것을 순서대로 설명하고, 그 결과 영희 씨가 어떻게 되었는지 말해 보세요.

〈한 달 전〉 〈오늘〉

모범 답안

영희 씨는 한 달 전에 혼자서 쇼핑을 했어요. 먼저 한 시에는 가방 가게에 갔어요. 새로 나온 가방이 꽤 비쌌지만 마음에 들어서 그냥 샀어요. 한 시 반에는 신발 가게에 갔어요. 의자에 앉아서 구두를 몇 켤레 신어보면서 마음에 드는 구두를 한참 동안 찾았어요. 두 시간 후인 세 시 반에는 옷 가게에 갔어요. 옷 가게에서는 긴 팔 티와 짧은 치마를 사고, 입고 갔던 바지를 치마로 갈아입었어요. 한 달이 지난 뒤, 오늘 영희 씨는 돈이 하나도 없는 지갑을 보면서 슬퍼하고 있어요.

- **수준 및 예상 배점**: 중급
- **문제 내용**: 연속된 그림(학교생활, 직장 생활, 문화생활 등 일상에서 경험할 수 있는 다양한 상황)을 보고 인물의 행동, 상황, 사건을 묘사하고 이야기를 구성하여 말하는 문제
- **공부 방법**: 어떤 상황을 보고 묘사, 서술, (재)구성하는 데에 필요한 표현을 공부해 두어야 합니다. 특히, 학교나 직장 생활과 같은 친숙한 사회적 상황과 여가, 문화생활 등과 같은 일상의 경험들을 생각하며 누가, 언제, 어디에서, 무엇을, 어떻게, 왜 하고 있는지를 문장으로 만들고 이야기를 완성하여 말하는 연습을 하면 좋습니다. 전체적인 이야기의 흐름과 의미를 잘 전달할 수 있도록 답변 시간을 최대한 활용하고, 정확한 발음과 자연스러운 억양, 적절한 속도로 말하는 연습을 해 두는 것도 중요합니다.

4. 대화 완성하기

대화를 듣고 이어서 말하십시오. 40초 동안 준비하십시오. '삐' 소리가 끝나면 60초 동안 말하십시오.

두 사람이 '노키즈 존'에 대해 이야기하고 있습니다. 남자의 마지막 말을 듣고 여자가 할 말로 대화를 완성해 보세요.

남자: 내년부터 우리 가게에도 아이들의 출입을 금지할 거라고 하던데, 얘기 들었어요?
여자: 네. 손님들이 불편하다고 항의를 해서 그런 것 같은데, 저는 사실 '노키즈 존'이 없어져야 한다고 생각해요.
남자: 하지만 저번에 가게에서 사고가 난 적도 있었잖아요. 안전을 위해서라도 '노키즈 존'이 있는 게 좋지 않을까요?

│ 모범 답안 │

저는 어른들이 사고 예방에 더 신경 쓰고 아이들을 교육하는 게 맞다고 생각해요. 대부분의 아이들은 어른에 비해 배워 나가야 할 것들도 더 많고요. 우리에게는 아이들이 다른 사람을 배려하는 마음을 가르칠 책임도 있어요. 사회 여러 곳에서 다양한 경험을 하게 하면서 그런 마음을 알려 줄 수 있다고 생각해요. 그리고 모든 아이들이 소란을 피우는 것도 아닌데, 무조건 나이가 어리다는 이유로 가게에 들어오지 못하게 한다면 그건 차별이라고 생각해요.

- **수준 및 예상 배점**: 중급
- **문제 내용**: 사회적 상황에서 이루어지는 남자와 여자의 대화를 듣고, 대화 속 남자 또는 여자가 되어 상대방의 말에 적절히 대응하여 대화를 완성하는 문제
- **공부 방법**: 다른 사람에게 제안, 조언, 거절 등을 하는 데 필요한 어휘와 문법 표현들을 공부해야 합니다. 대화의 내용을 잘 파악한 후에 중심 맥락에 맞게 대응하며 말하는 연습을 하는 것이 좋습니다. 답변 시간을 최대한 활용하고, 중급 수준에 맞는 정확한 발음과 자연스러운 억양, 적절한 속도로 말하는 연습을 해 두는 것도 중요합니다.

5. 자료 해석하기

자료를 설명하고 의견을 제시하십시오. 70초 동안 준비하십시오. '삐' 소리가 끝나면 80초 동안 말하십시오.

뉴스를 듣고 자료에 제시된 사회 현상의 변화를 설명하고, 이러한 현상이 나타난 이유를 두 가지 말하십시오.

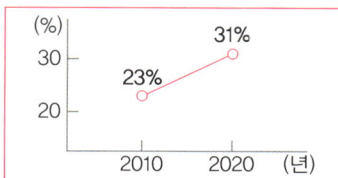 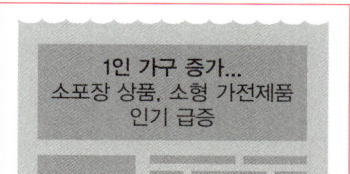

남자: 요즘 1인 가구가 점차 늘고 있는데요. 조사 결과 2010년부터 2020년까지 1인 가구 비율에 큰 변화가 있었습니다. 이와 함께 소포장 상품과 소형 가전의 인기도 상승하고 있다고 합니다.

■ 모범 답안 ■

자료에 따르면 2010년부터 2020년까지 1인 가구의 비율은 23%에서 31%까지 증가했는데요. 1인 가구가 늘면서 한 토막씩 포장된 생선 같은 '소포장 상품'이나 1인용 전기밥솥, 초소형 세탁기 같은 '소형 가전제품'의 판매량도 늘어났다고 합니다. 이러한 변화가 나타난 이유는 여러 가지가 있지만 결혼에 대한 사회의 인식 변화와 고령화 현상을 대표적으로 들 수 있습니다. 과거에는 전통적인 가족 공동체의 모습을 만들고 유지하는 것을 당연하게 생각했지만, 요즘에는 개개인의 삶도 가족 공동체 못지않게 중요한 것으로 여기게 되면서 젊은 1인 가구가 늘어나게 된 것입니다. 또한 의학이 발달하면서 수명은 늘어났는데, 한국은 노인을 부양할 젊은 사람들이 부족합니다. 그래서 혼자 사시는 할아버지, 할머니가 많이 늘어날 수밖에 없는 것입니다.

- **수준 및 예상 배점**: 고급
- **문제 내용**: 사회적 화제나 추상적 화제의 자료(경제, 과학, 대중매체, 문화, 예술, 정치, 환경 등)를 보고 해석하여, 비판적으로 자신의 의견을 진술하는 문제
- **공부 방법**: 사회 문제, 추상적인 화제의 시각 자료(도표, 그래프, 포스터, 신문기사 헤드라인)를 보고 현황을 설명하고 상황을 추측할 수 있어야 합니다. 또한 그것을 비판적으로 살펴보고, 자신의 의견을 진술하는 데 필요한 어휘와 표현들을 공부해 두어야 합니다. 다양한 시각 자료를 접해 보고, 자신의 견해를 일관되게 말하는 연습을 하는 것이 좋습니다. 전체적인 이야기의 흐름과 의미를 잘 전달할 수 있도록 답변 시간을 최대한 활용하고, 고급 수준에 맞는 정확한 발음과 자연스러운 억양, 적절한 속도로 말하는 연습을 해 두는 것도 중요합니다.

6. 의견 제시하기

자료를 설명하고 의견을 제시하십시오. 70초 동안 준비하십시오. '삐' 소리가 끝나면 80초 동안 말하십시오.

> 지도자는 자신이 속한 조직을 이끄는 사람입니다. 지도자의 생각과 행동은 조직은 물론 그 조직에 속한 구성원 전체에게 영향을 미칩니다. 훌륭한 지도자의 조건은 무엇이라고 생각합니까? 지도자가 갖춰야 할 조건 두 가지와 그 근거를 말하십시오.
>
> • 지도자: 조직 또는 단체에서 남들을 이끌어 가는 위치에 있는 사람

│모범 답안│

지도자가 조직 내에서 어떤 역할을 하는가에 따라서 조직이 발전할 수도 있고 그렇지 않을 수도 있는데요. 저는 좋은 지도자는 공정함과 책임감을 중요하게 여기는 사람이라 생각합니다. 우선, 지도자는 조직의 구성원을 차별하지 않고 그들이 능력을 충분히 발휘할 수 있도록 공평하고 올바른 태도를 항상 유지해야 합니다. 조직의 구성원들이 모두 납득할 수 있는 기준을 가지고 사람을 대하는 것은 물론 일을 처리하거나 문제 상황에 대처해야 합니다.

다음으로 좋은 지도자는 책임감을 가지고 있어야 합니다. 기본적으로 지도자는 결정을 하는 위치에 있는 사람입니다. 그런데 일을 하다 보면 일이 계획대로 진행되지 않거나 생각지도 못했던 난관에 부딪히기도 합니다. 따라서 지도자는 위기에 직면해도 회피하지 않고 그 결과에 책임지겠다는 의지를 가지고 있어야 합니다.

이 외에도 좋은 지도자라면 갖추어야 할 것이 많지만, 저는 공정함과 책임감, 이 두 가지가 가장 중요한 조건이라고 생각합니다.

- **수준 및 예상 배점**: 고급
- **문제 내용**: 전문 분야나 추상적인 내용, 사회 문제 등에 대해 자신의 견해를 논리적으로 제시하거나 찬성 또는 반대 입장에서 자신의 견해를 제시하는 문제
- **공부 방법**: 사회 문제나 추상적 화제들에 대해 적절한 근거와 함께 자신의 의견을 제시할 수 있도록 배경지식을 쌓고 어휘와 표현을 공부해 두어야 합니다. 또 자신의 의견이 듣는 사람에게 잘 전달될 수 있도록 제시된 조건에 맞추어 논리적이고 설득력 있게 말하는 연습을 하는 것이 좋습니다. 답변 시간을 최대한 활용하고, 고급 수준에 맞는 발음과 억양, 발화 속도를 유지하면서 말하는 연습을 하면 도움이 됩니다.

좋은 책을 만드는 길, 독자님과 함께 하겠습니다.

한국어능력시험 TOPIK I 단기완성

개정7판1쇄 발행	2026년 01월 05일 (인쇄 2025년 11월 13일)
초 판 발 행	2017년 01월 05일 (인쇄 2016년 09월 02일)
발 행 인	박영일
책 임 편 집	이해욱
저 자	김명준
편 집 진 행	구설희 · 곽주영
표지디자인	조혜령
편집디자인	김예슬 · 김휘주
발 행 처	(주)시대고시기획
출 판 등 록	제10-1521호
주 소	서울시 마포구 큰우물로 75 [도화동 538 성지 B/D] 9F
전 화	1600-3600
팩 스	02-701-8823
홈 페 이 지	www.sdedu.co.kr
I S B N	979-11-434-0371-1 (13710)
정 가	20,000원

※ 이 책은 저작권법의 보호를 받는 저작물이므로 동영상 제작 및 무단전재와 배포를 금합니다.
※ 잘못된 책은 구입하신 서점에서 바꾸어 드립니다.
※ 한국어능력시험(TOPIK)의 저작권과 상표권은 대한민국 국립국제교육원에 있습니다.
  TOPIK, Trademark® & Copyright© by NIIED(National Institute for International Education), Republic of Korea.

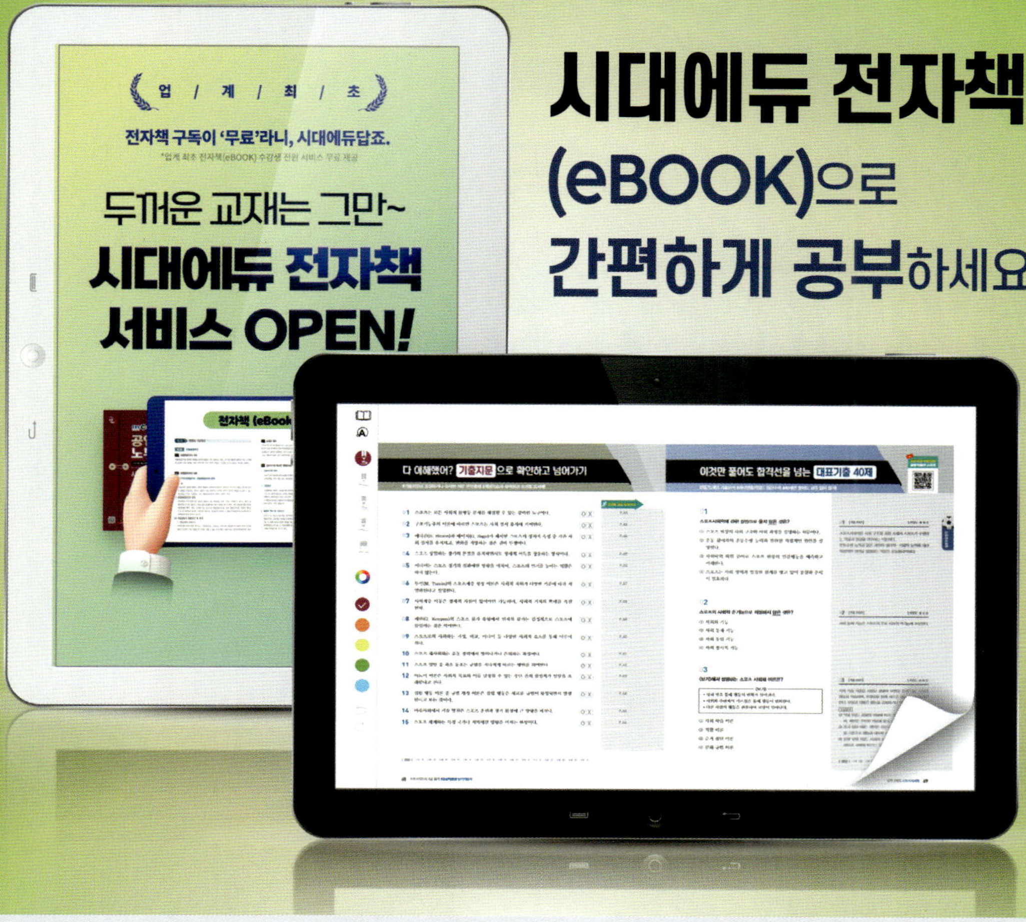

시대에듀 전자책 (eBOOK)으로 간편하게 공부하세요!

업계 최초
전자책 구독이 '무료'라니, 시대에듀답죠.
*업계 최초 전자책(eBOOK) 수강생 전원 서비스 무료 제공

두꺼운 교재는 그만~
시대에듀 전자책 서비스 OPEN!

학습 효율은 높아지고, 불편함은 사라지는 합리적 선택!

#활용성 #편의성 #올인원 학습

늘어나는 학습량만큼 쌓여 가는 교재. 그 무게를 덜기 위해 시대에듀가 먼저 바꿨습니다.
가방은 가볍게, 공부는 더 똑똑하게. 이제, 시대에듀 전자책으로 새로운 학습을 시작해 보세요.

학습 효율 **UP** / **DOWN** 불편함

시대에듀(eBOOK) 전자책 이용 방법

1. 시대에듀 회원 가입
2. 전자책(eBOOK) 신청
3. 무료로 이용 시작

시대에듀 전자책 무료 구독 GO!

* 업계 최초 전자책(eBOOK) 수강생 전원 서비스 무료 제공

진정한 한국인이 되기 위한
합격의 공식

POINT 1 어휘력 향상을 위한 가장 효율적인 방법

어휘로 기초 다지기 ➕ **문법으로 실력 다지기**

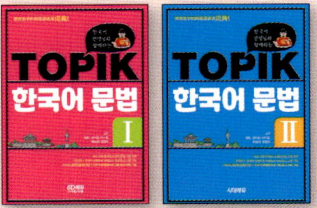

- 체계적으로 익히는
  쏙쏙 한국어 어휘왕 TOPIK Ⅰ·Ⅱ

- 한국어 선생님과 함께하는
  TOPIK 한국어 문법 Ⅰ·Ⅱ

POINT 2 출제 경향에 맞추어 공부하는 똑똑한 학습법

핵심 이론 **실전 모의고사** **최신 기출문제 수록**

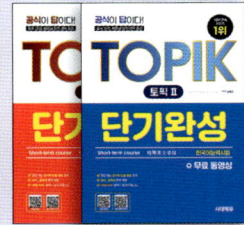

- 영역별 무료 동영상 강의로 공부하는
  TOPIK Ⅰ·Ⅱ 한 번에 통과하기, 실전 모의고사, 쓰기, 말하기 표현 · 읽기 전략 · 쓰기 유형 마스터, 기출 유형 문제집

- 저자만의 특별한 공식 풀이법으로 공부하는
  TOPIK Ⅰ·Ⅱ 단기완성

POINT 3   빠른 국적 취득을 위한 남다른 전략

실전 모의고사 최신 기출 유형 반영

- 법무부 공인 교재를 완벽 반영한
  사회통합프로그램 사전평가·중간평가·종합평가 실전 모의고사
- 1단계부터 3단계까지 빠르게 합격하는
  사회통합프로그램 단계평가 1·2·3 단계별 실전 모의고사

POINT 4   목적에 따라 공부하는 특별한 학습법

핵심 이론 실전 모의고사 최신 기출 유형 반영

- 법무부 공인 교재를 완벽 반영한
  사회통합프로그램 사전평가 단기완성, 종합평가 한 권으로 끝내기
- 어려운 면접심사·구술시험·작문시험의 완벽 대비를 위한
  귀화 면접심사&사회통합프로그램 구술시험 기출분석,
  사회통합프로그램 중간평가·종합평가 작문시험 완전 정복

※ 도서의 이미지 및 구성은 변경될 수 있습니다.

사각사각 매일 쓰는
한국어 일기 한 조각

지루한 한국어 글쓰기는 이제 그만!

매일 다양한 주제를 읽으며,
선생님의 글쓰기 Tip을 따라 꾸준히,
매일 조금씩 딱 10분만!

배워서 바로 써먹는
찰떡 한국어 시리즈

한국에서의 생존을 위한
필수 회화

재미있는 한국 생활을 위한
꿀잼 회화

한국에서의 자아실현을 위한
맞춤 회화
(출간 예정)